LOUIS GENTIL

MEMBRE DE L'INSTITUT
PROFESSEUR A LA SORBONNE

Voyages d'exploration
DANS L'ATLAS MAROCAIN

1923

PUBLICATION

DU

COMITÉ DE L'AFRIQUE FRANÇAISE

21, Rue Cassette, 21

PARIS

1924

LOUIS GENTIL

MEMBRE DE L'INSTITUT

PROFESSEUR A LA SORBONNE

Voyages d'exploration
DANS L'ATLAS MAROCAIN

1923

PUBLICATION

DU

COMITÉ DE L'AFRIQUE FRANÇAISE

21, Rue Cassette, 21

PARIS

1924

I

AU SUD DU HAUT ATLAS

J'ai repris, au printemps dernier, une mission que des événements retentissants avaient interrompue en 1907.

J'avais fait, à ce moment, le projet de m'installer avec ma famille à Marrakech et de rayonner, de ce point, dans toutes les directions à travers l'Atlas.

Mes regards se portaient surtout vers le Haut Atlas, qui avait fixé mon attention dès ma première exploration (1904-1905), lorsqu'une émeute qui coûta la vie au Docteur Mauchamp me contraignit d'abandonner ma mission dans le Sud-Marocain pour la reprendre dans le Maroc oriental.

Et depuis cette époque, je me suis attaché à suivre les progrès de la pacification sous la haute impulsion du Maréchal Lyautey et à m'adapter aux besoins de l'œuvre gigantesque d'organisation du Protectorat dans le mesure de mes faibles moyens.

Il m'a semblé, maintenant que de jeunes chercheurs sont répartis dans les régions soumises du Maroc, qu'il serait bon de reprendre l'exploration des vastes régions montagneuses qui bordent, au sud, la grande plaine de Marrakech.

Il m'a suffi de faire part de mon projet à M. le Maréchal Lyautey et à ses chefs de service pour obtenir les moyens de le réaliser. Il m'est très agréable d'exprimer ici ma gratitude à l'illustre chef qui préside avec tant d'éclat aux destinées de notre Protectorat, ainsi qu'à ses collaborateurs, en particulier à M. Delpit, directeur général des Travaux publics et à M. le Général Daugan, commandant la région de Marrakech.

Le but précis de mon voyage consistait à recouper du nord au sud le Haut Atlas, à examiner, plus à loisir que je n'avais pu le faire en mars 1905, le grand massif du djebel Siroüa ; enfin, à toucher l'Anti-Atlas, en examiner, si possible, la structure et la situation par rapport aux grandes plaines du Drâ et du Sous qui l'encadrent.

Un tel voyage exigeait sans doute les précautions nécessaires pour un raid de plusieurs semaines, en pays accidenté encore inoccupé. Il était cependant autrement facile à réaliser que ceux que j'avais effectués dans l'Atlas, en 1904 et 1909, parce que, cette fois, ma sécurité était assurée.

Un homme de confiance du Pacha de Marrakech devait m'accompagner, pour montrer aux populations berbères que le grand Caïd de l'Atlas, Si El Hadj Thami Glaoui, me couvrait de son autorité. C'était là une précaution qui paraissait indispensable, du moins les autorités françaises le pensaient, mais la suite devait me prouver qu'un mot du général Daugan, sous le couvert du Maréchal Lyautey, aurait suffi à me protéger, tant est grand le prestige de nos chefs militaires et, d'une manière générale, du nom français dans les régions sauvages à peine parcourues depuis notre Protectorat, et dont quelques unes n'avaient jamais été visitées par un Européen.

A mon guide officiel, le caïd Ahmed, j'ai adjoint mon fidèle compagnon Moulaï Ibrahim qui m'a donné tant de preuves de dévouement au cours de mes premières explorations.

Mes préparatifs terminés à Marrakech vers la fin de mars, j'ai d'abord effectué, en compagnie du Dr Guichard, directeur de l'Hôpital Mauchamp, une promenade jusqu'à Amsmiz. J'avais besoin de traverser, jusqu'au pied de l'Atlas, la plaine du Haouz pour me rendre compte de l'allure des dépôts tertiaires de cette grande plaine que je n'avais pas revue depuis 1905.

Parti le 31 mars de Marrakech, j'ai rapidement franchi en automobile, par la piste de Tamlelt, la distance de quelque 80 kilomètres qui séparent la capitale du Sud, de Tazert, kasba située au pied de l'Atlas, où m'attendait ma caravane. Je devais à partir de là, suivre pendant un mois à pied ou à mule, les chemins accidentés de l'Atlas.

****

La vallée de l'Oued R'dat

La première étape a été à la fois agréable et intéressante, car la dépression de l'oued R'dat, que nous remontons, est aussi instructive que pittoresque. La rivière coule au fond d'une vallée encaissée sur un lit encadré par des terrasses alluvionnaires, à gros blocs roulés de grès rouge, qui témoignent de sa puissance de creusement. Parfois, elle s'engage dans des gorges profondes entaillées dans des grès rouges ou dans des roches volcaniques vertes.

Nous arrivons à Zerekten, avec la pluie et nous sommes reçus frugalement dans une pièce unique assez malpropre d'ailleurs. Pour comble de malheur, la neige tombe toute la nuit, annonçant le mauvais temps persistant.

Nous restons là, en effet, calfeutrés pendant trois jours entiers à cause de l'entêtement de notre guide, qui affirme que le col de Telouët est impraticable. J'eusse préféré, pour ma part, partir le premier jour sous la tempête, avant que les montagnes ne fussent complètement blanchies.

Je profite de ce séjour forcé à Zerekten pour parcourir les environs immédiats.

L'oued R'dat, en ce point, a creusé une gorge profonde dans des argiles dures et de grès rouges désignés sous le nom de « grès de Zerekten » par mon ami Paul Lemoine, à la suite de son beau voyage au Maroc en 1904 (1).

De grandes fractures traversent ces couches rouges, puissantes de plusieurs centaines de mètres. On se trouve là dans la zone faillée que j'ai signalée depuis longtemps sur le versant septentrional du Haut Atlas. L'une des fractures de Zerekten se trouve sur le prolongement oriental du djebel Tissieh, qui domine le Mesfioua et forme une muraille gigantesque visible de Marrakech.

Il m'est, en outre, donné d'assister à Zerekten à une crue de l'oued R'dat. Cet oued roule en ce point des eaux rougies par la désagrégation des roches encaissantes, tandis qu'un affluent de gauche indique, par ses eaux limoneuses grises, le voisinage d'un massif schisteux.

La rivière est torrentielle, et le bruit sourd rappelant celui de batteries lointaines, produit

____

(1) Mission dans le Maroc occidental. *Publ. du Comité de l'Afrique française et du Comité du Maroc*, Paris, 1905.

par les gros blocs qui s'entrechoquent, témoigne
de la rapidité d'usure de ces matériaux. Ainsi
s'explique facilement la présence des lits de gros
cailloux roulés accumulés dans les terrasses qui
dominent le thalweg de la vallée.

Les trois journées passées à Zerekten me pa-
raissent interminables tant j'ai hâte d'aller vers
l'inconnu. Le quatrième jour, au matin, mon guide
hésite encore à se mettre en route, mais il **me**
voit cette fois bien décidé et il me suit.

Pénible journée que celle du 5 avril. L'étape
est longue et la neige a souvent effacé les chemins; il s'agit aussi de franchir le col de Telouet pour atteindre la kasba du caïd Glaoui.

Nous quittons bientôt par un chemin accidenté
les grès rouges permiens pour un ensemble très
puissant de schistes et de grès plus anciens. Ces
terrains forment un massif très découpé, au modelé caractéristique, dénudé ou couvert de chênes, de thuyas et de genévriers. En approchant
du col, le noyer apparaît, assez rare d'ailleurs,
et malheureusement la proie de quelques exploi-
tants.

Nous nous trouvons ici dans la zone axiale
de la grande chaîne, dont l'ossature est consti-
tuée par des schistes de deux groupes différents:
Les uns, lustrés, très anciens et anté-primaires;
les autres, argileux et gréseux, forment une série très puissante comprenant vraisemblablement toute la série paléozoïque jusqu'au carbonifère. Cet ensemble est plissé : Un pli anticlinal,
orienté nord-ouest, sud-est, apparaît très nettement à l'entrée du cirque de l'assif n Aït Rbâ qui
forme le bassin de réception de la haute vallée
de l'oued R'dat.

Il est peu de régions où les formes du relief
reflètent aussi nettement la structure du sous-
sol.

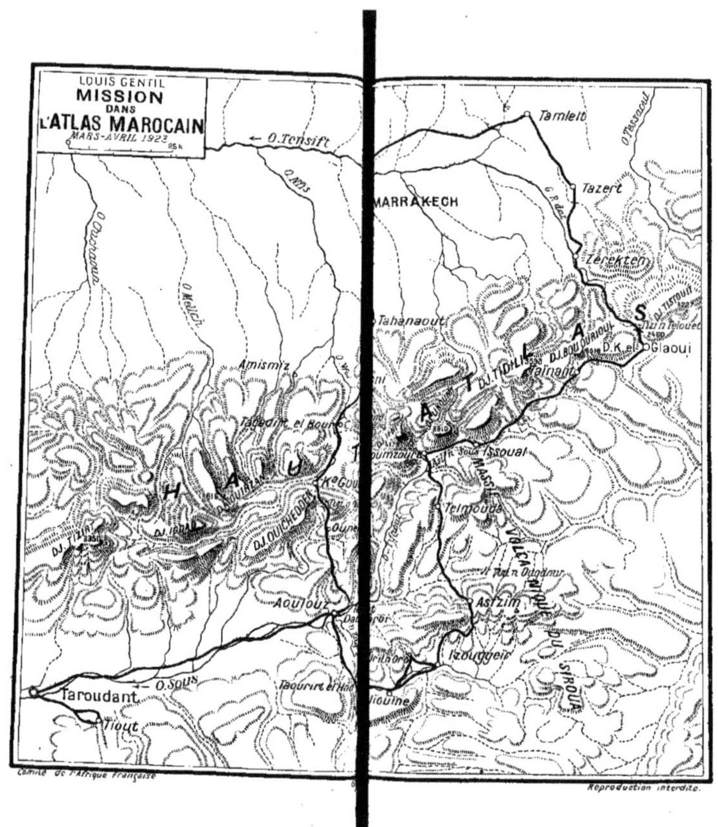

LOUIS GENTIL
MISSION
DANS
L'ATLAS MAROCAIN
MARS-AVRIL 1923
25 k
← O. Tensift
O. N'fis
MARRAKECH
Tamleit
Tazert
Zerekten
O. Ouchraoua
O. Melci
Tahanaout
DJ. Tistouit
Tin Teloueï
Amismiz
DJ. BOU OURIOU
D.K. el Glaoui
Aït n Soua
ATI OU TIDILI
Talnant
TABedine el Bouro
Toumzour
Issoual
HAOUZ
K e Gou
MASSIF VOLCANIQUE DU SIROUA
Telnouda
DJ. IBRAN
DJ. OUCHEDDED
Oune
Tizi n Ouaour
DJ. TIZIRT
Asfzim
Aoulouz
Dadprot
Izouggeir
Irih oro
O. Sous
Taroudant
Taourirt el Had
Niouine
Tiout
Comité de l'Afrique Française
Reproduction interdite.

La stratification des schistes est nettement marquée par les bancs de grès qu'ils renferment et qui forment comme autant de marches d'un gigantesque escalier sur les flancs de la dépression. Les crêtes sont couronnées par les grès permiens qui recouvrent, en discordance, les schistes primaires. Ce sont encore les grès de Zerekten.

*
* *

Les Cirques glaciaires de Telouet

Depuis les explorations déjà anciennes de Hooker, de Washington, bien des voyageurs ont pensé que les glaciers anciens avaient pu laisser des vestiges de leur existence dans les régions élevées de l'Atlas.

Le vicomte Ch. de Foucauld a même soutenu que des neiges éternelles subsistaient encore dans les grandes chaînes, notamment au djebel Siroua.

Je crois avoir, depuis longtemps, fait remarquer qu'il n'y avait pas de neiges persistantes au Maroc ; mais j'ai toujours pensé que, dans la zone axiale du Haut Atlas, devaient subsister des traces d'érosion et des dépôts de quelques glaciers quaternaires.

La région de Telouet m'a offert à cet égard des documents fort intéressants, grâce auxquels la preuve de l'existence de ces appareils naturels, aujourd'hui disparus, me semble faite. Elle est déjà nette sur le flanc septentrional de la chaîne et plus frappante encore au sud du col de Telouet, dans la dépression de Dar Caïd el Glaouï.

L'assif n Aït er Rbâ coule au fond d'un vaste cirque creusé dans les schistes noirs primaires et bordé, sur la crête, par les grès rouges permiens.

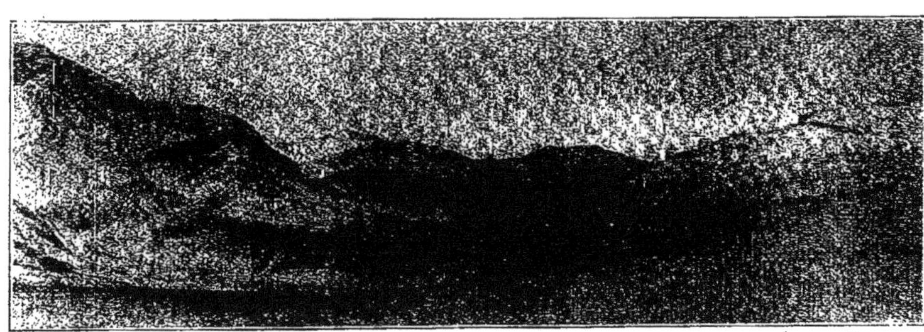

Fig. 1. — VALLÉE DE L'OUED R'DAT
Chez les Touggana.

On est là dans le bassin de réception de l'oued R'dat dont l'assif n Aït er Rbâ forme le cours supérieur.

La forme du cirque est remarquable par ses parois marginales brusquement relevées vers la verticale et par un fond plat que l'on peut envisager en faisant abstraction des ravages de l'érosion fluviale récente. De fait, le profil transversal de la dépression rappelle celui d'un ancien cirque glaciaire.

On est encore mieux édifié sur l'origine de ce bassin de réception si l'on consulte les dépôts quaternaires qui en encombrent ses parties basses, en couverture des schistes noirs.

A l'entrée de ce bassin, dans la partie resserrée qui correspond au goulot du torrent de l'assif n Aït er Rbâ, à quelque 1.900 m. d'altitude, apparaissent de gros blocs de grès rouge, peu roulés, avec arêtes émoussées, offrant des traces de poli glaciaire. Ces blocs, qui dépassent souvent un mètre cube de volume, sont entassés les uns sur les autres sur une épaisseur notable de 10 et même 20 mètres ; ils sont, à la surface, isolés par délavage des dépôts fins, argilo-sableux, dans lesquels ils étaient plongés. Sans nul doute, ils appartiennent à une moraine frontale.

Un peu plus haut, à Ider, des moraines de fond, composées des mêmes blocs de grès rouge peu roulés, noyés dans des éléments fins de trituration, forment des argiles à blocaux. Vers la cote 1970, une terrasse de 4 à 500 mètres d'étendue offre l'aspect d'un vaste champ de pierres où les blocs peu roulés de grès rouge se trouvent à une cinquantaine de mètres au-dessus du thalweg de la rivière. Des dépôts analogues, presque exclusivement formés de grès rouge, apparaissent plus haut encore, à environ 2.050 m.

Fig. 2. — ENTRÉE DU CIRQUE DE L'ASSIF N AÏT RBA

Au premier plan, moraine délaissée par l'ancien glacier.

d'altitude, près de Tatoula, toujours sur les schistes charbonneux.

A partir de là, la pente se raidit brusquement jusqu'au col (2.460 m.), toujours entaillée dans les schistes primaires, tandis que les grès rouges couronnent la crête.

Si l'on essaie de relier par la pensée tous les lambeaux de terrasses à blocs de grès, on constate que cette formation tapisse le fond plat d'un ancien cirque actuellement sculpté par un réseau fluvial postérieur au retrait des glaces. Ces terrasses, élevées jusqu'à 50 m. d'altitude environ au-dessus du lit de l'assif n Aït er Rbâ, témoignent d'un travail d'érosion fluviale qui s'est effectué postérieurement à leur formation. Il est, de plus, difficile de confondre ces dépôts caillouteux avec les éboulis des pentes et comme leurs éléments sont en majeure partie empruntés aux grès rouges de la crête, il est impossible, pour des raisons topographiques, d'envisager leur transport autrement que par les glaces.

Il résulte de ces observations que le cirque de l'assi n Aït er Rbâ est d'origine glaciaire. Le bassin de réception de l'oued R'dat a été, à un moment donné de son histoire, envahi par des névés qui, transformés en glaces, ont surcreusé la dépression primitivement fluviale, pour lui donner le profil caractéristique du cirque, abstraction faite de l'érosion fluviale récente.

Le cours d'eau actuel a, en effet, en partie démantelé le fond du cirque, agissant surtout sur son flanc ouest qui a été façonné en gradins dont les marches sont formées de bancs de grès intercalés dans les schistes noirs.

Il est possible qu'un lac de barrage morainique se soit formé après la fonte des glaces, mais l'érosion fluviale n'a pas tardé à le faire disparaître par l'approfondissement rapide de son déversoir au goulot du bassin de réception du torrent actuel.

Le flanc méridional de la haute chaîne, au sud du Tizi n Telouet est non moins intéressant au point de vue des phénomènes naturels qui nous occupent en ce moment.

La crête qui supporte ce col, le plus passager de la grande chaîne, est séparée du vaste plateau crétacé qui s'étend au sud, jusqu'à la vallée de l'oued Drâ, par une vallée à fond plat dont le cours d'eau principal, l'assif n Amassine, coule au pied de la kasba du caïd El Glaouï.

Cette vallée, large de 4 à 5 kilomètres, peut se poursuivre jusqu'à une vingtaine de kilomètres dans le sens est-ouest. Elle est limitée au sud par le rebord du plateau crétacé, au nord par la crête du Haut Atlas. Dans sa partie basse, elle offre parfois des sols caillouteux que les indigènes cultivent en s'aidant de l'irrigation. Mais, dès qu'on s'éloigne tant soit peu du cours d'eau, le pays est aride de par la sécheresse assez grande de son climat : on sent déjà l'approche du désert. Et c'est dans ce séjour désolé que les grands chefs Glaoua ont établi depuis longtemps le siège de leur puissance. La kasba de Telouet est une des plus importantes parmi les constructions berbères de l'Atlas.

J'ai longé l'assif n Amassine, en mars 1905, venant de l'est, du djebel Anr'meur, pour me diriger vers le djebel Siroua. J'ai été surpris de voir le fond de cette large vallée couvert de pierres, parfois de blocs énormes, sur de vastes étendues ; et je n'ai pù m'expliquer à cette époque le mode de transport de tous ces matériaux.

La solution de ce problème devrait être, en effet, recherchée vers les crêtes de la grande chaîne que j'avais laissées sur la droite en dehors de mon itinéraire.

Mon récent voyage m'a permis de résoudre cette question.

Le versant méridional du Tizi n Telouet a la forme d'un vaste cirque, aux parois abruptes creusées dans les grès rouges. L'entrée en est barrée au bord de la plaine de Telouet par des bancs épais de laves et de tufs volcaniques qui sont intercalés dans les argiles et les grès de base des couches rouges permiennes. La topographie de la région indique déjà l'origine glaciaire du cirque tandis que la barre volcanique formait verrou dans la vallée qui descend du col de Telouet et du djebel Tistouït (3.227 m.).

La plaine de Telouet, au sud de cette barre, est en effet couverte de blocs, aux arêtes émoussées, parfois polis par friction, presque exclusivement constitués par les grès rouges de la crête, tandis que les cailloux de roches volcaniques se montrent assez rarement.

On ne peut douter que ces blocs ont été charriés à une époque antérieure au creusement du réseau hydrographique actuel.

Il faut donc admettre que les cailloux de grès rouge ont été transportés, depuis les crêtes de l'Atlas jusque dans la plaine de Telouet, par-dessus la barre volcanique. Ceci ne peut s'expliquer par l'action des eaux superficielles; il convient, de toute nécessité, d'invoquer l'existence de la glace comme véhicule de ces matériaux.

Après la fusion des glaces, l'érosion fluviale a d'abord entamé la roche volcanique qui formait verrou sous le glacier pour creuser le défilé de Toumjicht et entailler les moraines abandonnées dans la plaine de Telouet.

Un autre glacier suspendu, du même genre, a dû fonctionner plus à l'ouest, empruntant la plupart des matériaux entraînés aux roches volcaniques qui affleurent sur le flanc du djebel Ar'aïz. On peut s'en rendre compte d'après la nature des matériaux qui encombrent la plaine, à l'est de Dar el Glaouï. On constate, de ce côté, l'existence presque exclusive de cailloux d'origi-

Fig. 3. — LA KASBA DE TELOUET
(Dar Caïd el Glaouï), vue de l'ouest.

ne volcanique, tandis que, plus à l'ouest, ceux-ci font place à des cailloux de grès rouge.

L'érosion fluviale subséquente a isolé dans la plaine des buttes-témoins entaillées dans les argiles gréseuses et couronnées par des dépôts morainiques et l'éboulement de gros blocs de grès sur les pentes de ces buttes, comme à Toumjich, peut offrir des chaos assez pittoresques.

L'assif n Amassine a son lit creusé jusqu'à 30 m. au-dessous de ces dépôts glaciaires. La rivière a repris sur son parcours les blocs morainiques pour les rouler, comme on peut le voir près de Dar Caïd el Glaouï.

2

Ainsi, l'existence de glaciers suspendus, de part et d'autre de la crête du Haut Atlas, dans la région du col de Telouet, apparaît comme indiscutable. Les traces de cette glaciaire quaternaire sont plus importantes au sud qu'au nord, par la plus grande abondance des matériaux entraînés des hauteurs par la progression des glaces. Mais tandis que les moraines frontales du glacier de la haute vallée de l'oued R'dat se trouvent actuellement portées à environ 1.800 m. d'altitude, celles du glacier méridional de Telouet ne sont guère au-dessous de 2.000 m. dans la plaine de l'assif n Amassine.

Ceci semblerait indiquer que la différence de climat sur les deux versants de la chaîne, plus froid et plus humide sur le flanc septentrional, était déjà marquée à l'époque quaternaire qui a vu se former les glaciers de Telouet. De plus, si l'on se reporte au travail d'érosion fluviale effectué depuis la fonte des glaces, on est amené à supposer que la période glaciaire correspondante n'est pas très éloignée de nous, qu'elle remonte tout au plus au quaternaire moyen, peut-être même au quaternaire récent.

Il est ainsi assez probable que l'Homme préhistorique pouvait, de l'un des sommets de la chaîne du Haut-Atlas, apercevoir dans le lointain les lueurs du volcan de Timhadit, des Beni Mguild, tandis que des glaciers s'étendaient à ses pieds.

* *

La région des sources de l'Oued Sous et de l'Oued Drâ et les volcans anciens du Haut Atlas

Après un arrêt d'un jour à la kasba de Telouet où nous recevons une hospitalité cordiale de la part de Si Hammou, le frère du pacha de Marrakech, nous continuons notre chemin, cette fois dans la direction de l'ouest.

Je me propose de suivre le flanc méridional du Haut-Atlas et de passer du bassin hydrographique de l'oued Drâ dans celui de l'oued Sous, en franchissant le seuil qui sépare les sources des deux principales branches de ces deux fleuves. Le trajet à effectuer va nous demander trois étapes.

Nous descendons d'abord l'assif n Amassine jusqu'au petit village d'El Haddada, au confluent de l'assif n Ouarg. J'ai, de ce point, atteint, en 1905, Tikirt, par la vallée de l'Asif Imar'ren (oued Melah) qui est creusée dans les terrains crétacés. Ceux-ci, régulièrement inclinés vers le sud, forment une série de plateaux séparés par de profondes vallées, que les indigènes désignent sous le nom de *khela*. Ce qui caractérise ces khela, c'est l'aridité, commandée par la sécheresse du climat.

Nous suivons le bord septentrional de ces plateaux. Il nous faut d'abord contourner le khela Tamr'art qui encadre, à l'ouest, la plaine de Telouet. De ce côté, apparaît une végétation arborescente relativement vigoureuse avec ses thuyas de 4 à 5 mètres de hauteur et de 50 cm. de tronc, avec ses genévriers dominés par de rares noyers, qui marquent comme une ligne de verdure, à la limite des régions habitables, car plus au sud, c'est le désert.

La barre volcanique de Telouet qui a joué le rôle de « verrou » dans le glacier descendu du col se poursuit jusqu'ici à plus de 15 kilomètres à l'ouest, pour disparaître sous le plateau crétacé, au sud.

Vers le nord, on voit les couches rouges les plus inférieures, avec leurs laves et leurs tufs

volcaniques, interstratifiés, recouverts par des
formations éruptives de plus en plus épaisses qui
s'élèvent jusqu'aux crêtes.

J'ai été très surpris de voir que le djebel Bou
Ourioul — plus communément appelé djebel
Aourj'did par les indigènes — est entièrement
formé, sur tout son versant méridional visible
du bord du plateau de Khela Tamr'art, par les
laves et les tufs volcaniques permiens. Je
croyais au contraire, d'après des renseignements
antérieurs, que le sommet du Bou Ourioul, élevé
de 3.576 mètres, était granitique.

On peut donc, de ce côté de la grande chaîne,
se faire une idée de la puissance des déjections
accumulées par les volcans permiens. A Mellida,
petit village situé à environ 2.120 m. d'altitude,
on se trouve déjà sur les laves du grand volcan
qui est entaillé par tout le versant de la chaîne
jusqu'au sommet du djebel Aour'jdid ; de sorte
que l'on peut évaluer à 1.500 mètres la puissance des déjections de ces éruptions de la fin
des temps primaires.

J'étais arrivé à ce chiffre par l'observation du
massif volcanique de la haute chaîne au sud de
Marrakech, mais il convient de remarquer qu'il
n'exprime qu'un extrême minimum à cause du
démantèlement des crêtes qui s'opère avec une
certaine rapidité, sous l'action du gel et du dé-
gel.

De Mellida et de Tadiar't on a une vue superbe sur le Haut Atlas volcanique. On peut
voir les couches rouges s'intercaler à différents
niveaux dans les produits éruptifs, ce qui me
permet de confirmer la contemporainité de ces
deux genres de formation que j'ai annoncée dès
1905. On peut encore, de ce point, envisager la
structure du grand volcan du Bou Ourioul.

Sur le flanc oriental de cette montagne, on

voit les coulées de laves inclinées vers l'est tandis qu'elles sont inclinées en sens inverse du côté de Taïnant. Il semble en résulter que la région intermédiaire de Taoussint occupe l'emplacement d'un ancien cratère dont le Bou Ourioul occuperait le bord oriental.

Le vaste cirque de Taoussint est probablement d'origine glaciaire, si l'on en juge, du moins, par l'accumulation de gros blocs qui forment une terrasse au-dessus du thalweg de l'assif Tamanat; cette terrasse est formée par des dépôts qui recouvrent une plate-forme régulière qui m'a semblé résulter de l'ablation par les glaces du terrain permien sous-jacent.

Plus à l'ouest dans la région de Tidili, la dépression quaternaire de Sour apparaît comme une cuvette de surcreusement glaciaire. Elle est encombrée de dépôts détritiques récents et une plateforme régulière, descendant des derniers contreforts de la chaîne, se poursuit jusqu'au milieu de la cuvette. Des sables quartzeux, grossiers, passant à de gros blocs non roulés, offrent une épaisseur importante à l'est : ces sables et ces cailloux semblent appartenir à des dépôts pluvioglaciaires.

Le réseau hydrographique, tributaire de l'oued Drâ, se poursuit au delà de Tidili, affouillant le plateau crétacé et les couches rouges avec roches volcaniques associées sous-jacentes.

La piste franchit, entre Tagadir et Issoual, un seuil de terrains cristallins anciens qui forme la ligne de partage des réseaux hydrographiques de l'oued Drâ et de l'oued Sous. Issoual est, en effet, situé à la tête de la vallée de l'assif Inmarakht qui prend un peu plus loin le nom d'assif n Sous.

On est frappé de la différence d'activité de creusement des deux réseaux hydrographiques qui descendent de la ligne de partage. Tandis que nous avons remonté depuis Tidili jusqu'au seuil d'Assoual une vallée peu profonde, pourtant creusée dans le terrain relativement meuble des couches rouges, nous voyons l'assif n Sous couler en torrent rapide, au fond d'une vallée très encaissée, sculptée dans un terrain schisto-cristallin très dur. Tout indique, de ce côté, l'activité extrême du travail de l'érosion.

Il en résulte que la tête de l'assif n Sous doit reculer vers l'est pour décapiter à son profit le réseau supérieur de l'oued Drâ.

Nous allons demeurer longtemps depuis Assoual sur les terrains anciens, presque toujours cristallins, qui forment l'ossature du Haut Atlas et de l'Anti-Atlas. Ce sont partout les vestiges de la chaîne hercynienne qui traversait le Maroc du nord au sud. C'est cette vieille chaîne qui, arasée dès la fin de la période carbonifère, a été transformée en une pénéplaine qui supporte en certains points les déjections des grands volcans du Haut Atlas, derniers vestiges de l'activité de la fin des temps primaires.

Le massif volcanique du Siroua.

Une bonne nuit passée à Ouaoumzourt nous remet de la fatigue d'une étape un peu dure. Nous avons été accueillis à la kasba du cheikh Ahmed ou Mohammed qui se trouve au confluent de l'assif n Sous et de l'assif Tizgui n Guergâ.

Je me retrouve ici sur mon ancien itinéraire du djebel Siroua. Je n'ai pas de peine à reconnaître le torrent qui descend du col de Tizi n Tar'rat que nous avons eu tant de peine à remonter en mars 1905. Mais la kasba dans laquelle nous sommes abrités n'existait pas à cette époque. A partir de là nous allons reprendre en sens inverse, jusqu'au djebel Siroua, mon ancien itinéraire.

Nous descendons d'abord la vallée, puis, à partir de Mezguemmet, nous remontons celle d'Anmit n Tifnout jusqu'au col de Tizi n Mouqsout.

La montée est pénible, il faut gravir par un mauvais chemin rocailleux une pente raide sur le bord d'un ravin entaillé dans le granite.

J'apprécie à ce moment ma manière de voyager lors de mon exploration antérieure, dans le modique appareil du chemineau : cette fois, nous sommes embarrassés de nos montures qui n'en peuvent mais sur d'aussi mauvais chemins. La lenteur de ma caravane a au moins cet avantage de me permettre d'observer à loisir.

Le plateau granitique que nous allons atteindre est fortement entaillé par des vallées profondes à la faveur desquelles on voit des filons de laves sillonner verticalement les pentes granitiques que j'observe depuis Assoual, dans la vallée de l'assif n Sous, puis dans celle de Tizgui n Guergâ, enfin ici dans le ravin d'Anmit n Tifnout.

La direction de ces filons semble indiquer que la plupart, du moins, forment le remplissage des cheminées du volcan permien dont les vestiges couronnent les crêtes du Haut Atlas.

Au col de Tizi n Mouqsout, nous nous trouvons sur l'ancienne pénéplaine rajeunie par le réseau hydrographique récent du bassin de l'oued Sous. L'arène granitique est très belle de ce côté avec ses blocs arrondis ; le pittoresque est achevé par de gros bouquets de chênes.

Enfin, non loin de nous, vers le sud, des coulées de laves en partie démantelées forment de grandes tables aux bords à pic parfois prismés. Nous abordons par le nord le volcan du Siroua.

Je suis étonné de la fraîcheur de mes souvenirs dans cette région que j'ai traversée il y a dix-neuf ans écoulés. Je reconnais les moindres détails du terrain autour de moi ainsi que l'aspect des lointains.

Puis voici dans la vallée que nous descendons le petit village de Tizgui où nous avons laissé pour mort un hartani qui devait nous accompagner jusqu'au col, mais qui est tombé sous le poignard d'un assassin ; enfin, Moulaï Ibrahim et moi reconnaissons à Telmouda (1) la maison où nous avions passé la nuit chez un brave homme qui ne s'était pas contenté de nous donner l'hospitalité, mais nous avait prêté son cheval pour aller jusqu'au col et nous avait donné comme guide un taleb qui devait nous accompagner jusqu'à Marrakech par le Tizi n Tar'rat.

Nous sommes reçus dans une maison voisine par le cheikh Ahmed, homme d'une soixantaine d'années à l'abord sympathique, qui nous conduit sur une terrasse qu'il a fait recouvrir de tapis. Il prépare à notre intention le thé traditionnel.

Moulaï Ibrahim est impatient de savoir si l'on a gardé quelque souvenir de notre passage ici le 19 mars 1905. Mais notre hôte devance ses questions en me félicitant d'être un des premiers roumis qui vienne visiter son pays. Je lui fais remarquer que j'ai été précédé, il y a peu de temps, puisque j'ai en mains l'itinéraire d'un officier topographe. « C'est vrai, me dit-il, mais tu es tout de même l'un des premiers. On m'a bien dit qu'au moment où le Rogui (prétendant)

<hr>

(1) J'ai désigné ce village dans mon livre « Explorations au Maroc », p. 523. Paris, Masson, 1906, sous le nom de Lemouda qui est la forme masculine du mot Telmouda.

était à Taza, un chrétien avait reçu l'hospitalité chez moi ; il était accompagné de trois hommes dont un chérif du nom de Moulaï Ibrahim. J'avais prêté à mes hôtes mon cheval pour atteindre Tizi n Mouqsout·et je les avais confiés à un ami, Si Abdallah, qui habite près d'ici, pour leur permettre de franchir le col de Tizi n Tar'rat par le chemin le plus court jusqu'à Marrakech.

« A son retour Si Abdallah m'affirma que l'un d'eux, du nom de Si Allal, devait être un roumi : il mesurait son chemin avec des appareils, il prenait des notes..., il avait même dans son sac une boîte de sardines... J'ai conservé des doutes, cependant, car Si Allal m'était apparu comme un bon musulman. »

J'ai éprouvé quelques scrupules à laisser ce brave homme plus longtemps dans l'erreur.

— Je suis heureux de t'avoir fait une si bonne impression, lui dis-je, car c'est moi qui voyageais sous la djellaba du montagnard et le nom de Si Allal et mon fidèle compagnon Moulaï Ibrahim ne m'a jamais abandonné puisqu'il est encore à côté de·moi. »

Après un moment de surprise facile à comprendre, mon interlocuteur me dit avec force : Mrahba bik (Sois le bienvenu), et, se tournant vers les autres : Mrahba bikoum (Soyez les bienvenus).

J'ai eu alors la curiosité de demander à mon ancien hôte ce qui aurait pu se passer si ma qualité de roumi avait été reconnue :

— Tu ne serais pas sorti d'ici, me dit-il, car jamais chrétien n'avait traversé mon pays. Je t'aurais tué ou, du moins, j'aurais été impuissant à te protéger contre la fureur de mes coreligionnaires. Puis, se tournant vers Moulaï Ibrahim : Et toi, tu aurais suivi le même sort malgré ta qualité de chérif.

Je fis alors remarquer qu'il était encore temps de « bien faire ».

— Non, me dit le chikh Ahmed, car les temps sont changés. Nous sommes maintenant en pays makhzen, tandis qu'au moment de ta première visite, nous étions, depuis toujours, en pays siba.

Ce fut ensuite un long entretien sur mon premier voyage.

Si Abdallah, qui nous avait si généreusement accueilli chez lui à Mezguemmet a disparu. Il a été, il y a quelques années, assassiné dans sa maison parce qu'il avait osé manifester son indépendance au moment où les soldats du Glaoui occupaient le pays pour le plier à la domination de leur maître. Le cheikh de Tittal avait, pour les mêmes raisons, subi le même sort. Quant à Si Abdallah ben Ahmed, notre ancien guide, il habitait près de Telmouda et, prévenu de mon passage, il venait me voir le lendemain matin. Il m'offrait en modeste cadeau deux paniers de dattes du Drâ ; il ne tarissait pas sur les moindres incidents de notre traversée du Haut Atlas par le col de Tizi n Tar'rat.

Le chikh Ahmed était visiblement heureux de me recevoir une deuxième fois dans sa modeste maison. Il redoublait d'amabilité et crut même devoir me faire une profession de foi qui n'était certes pas dépourvue de sincérité. Pour lui, le Marocain n'a qu'à se féliciter de notre occupation car il est bien convaincu de notre loyauté : « Nos gens travaillent chez vous, me dit le cheikh ; ils sont bien payés et peuvent rapporter au foyer l'argent gagné, tandis qu'autrefois, ils étaient toujours pillés en route lorsqu'ils avaient reçu quelque salaire.

« Je regrette, ajoute-t-il, que l'occupation française ne s'étende pas jusqu'ici. Nous sommes
abandonnés et nous n'avons même pas, comme
les tribus du nord de l'Atlas, la visite du bon
médecin français. »

Je le rassurai de mon mieux, en ce qui concerne le point de vue médical, en lui promettant
de transmettre ses doléances au commandant à

Fig. 4. — LE CHEIKH AHMED (A CHEVAL)

à la sortie de Telmouda.

Marrakech qui enverrait un groupe sanitaire mobile dès qu'il le pourrait et j'offris le maigre se-
cours de ma « pratique illégale » en ouvrant ma
boîte de pharmacie préparée par les bons soins
du docteur Guichard.

J'eus la satisfaction de voir le cheikh Ahmed
et ses administrés y puiser de bon cœur. Mais je
n'ai rien appris en voyant tous ces braves gens

se précipiter comme sur la manne réparatrice, sur ma caisse de médicaments.

J'ai, en effet, insisté autrefois, avant le débarquement de nos troupes au Maroc, sur le rôle important qu'était appelé à jouer le médecin dans l'œuvre de pacification et de relèvement à accomplir dans ces pays si longtemps séparés du monde civilisé. Je suis, à ce sujet, très heureux de voir une sommité médicale comme le docteur J. Comby, exalter avec une autorité qui ne sera pas discutée l'œuvre admirable déjà accomplie au Protectorat et donner de précieuses indications sur ce qu'il resterait à faire. Le docteur Comby a été très frappé de l'extrême importance de l'assistance médicale parmi les indigènes qui viennent loyalement à nous après avoir défendu, les armes à la main, ce qu'ils croyaient être leur indépendance.

A un point de vue plus général, il est réconfortant de voir le prestige du nom français s'étendre si loin au delà des frontières de notre occupation effective ; car nous n'administrons qu'indirectement ces régions d'au delà de l'Atlas. La politique dite des « grands Caïds » qui a été si utile, si précieuse pendant la guerre, ne semble pas donner toute satisfaction aux montagnards berbères, puisqu'ils appellent de leurs vœux notre présence dans leur pays.

Nous quittons Telmouda le 11 avril au matin. Le cheikh Ahmed tient à nous accompagner sur quelques kilomètres et me fait promettre, en me quittant, de revenir le voir si mes voyages me ramenaient dans l'Atlas.

Notre étape ne sera pas longue. Nous nous arrêtons à Tamjerjt, sur le versant ouest du plateau granitique qui forme le socle du volcan du Siroua.

Nous avons, depuis le col de Tizi n Mouqsout,

suivi la limite occidentale actuelle des déjections du grand volcan. Nous nous sommes approchés de Tittal et nous avons laissé sur notre gauche le col de Tizi n Ougdour que j'ai franchi en 1905. J'ai ainsi pu me rendre compte de l'extension, au nord de ce col, des déjections du volcan qui est traversé, en son milieu, par la piste des Aït Khzama. J'ai situé autrefois, au col même, la ligne de partage des eaux du Drâ et du Sous. Mais des surprises m'attendaient plus loin, car nous allions, malgré la résistance de notre guide, nous approcher du culminant du Siroua, ce qui devait me permettre de mieux voir la structure du grand appareil éruptif.

Malheureusement le ciel redevient menaçant et c'est sous la neige que nous franchissons, le lendemain, l'étape de Tamjerjt à Asfzim, chez les Beni Ider. Je puis néanmoins observer, sur ce plateau, les formes les plus caractéristiques du modelé granitique avec une arène épaisse encombrant les fonds des vallées qui par leur humidité, rappellent les couches du Morvan.

La désagrégation en boule est fréquente ; ailleurs les blocs de granite offrent des cassures fraîches comme s'ils avaient été brisés au marteau ; il s'agit là de cassures produites par le gel, dont j'observe les effets depuis l'assif n Sous.

A Asgaour je touche les laves qui s'étendent sur le plateau granitique avec interposition de tufs volcaniques et de dépôts d'atterrissement. Des buttes-témoins avec entablement de laves, se montrent çà et là, formant autant de *gour* à l'aspect pittoresque.

Nous longeons la limite des roches volcaniques jusqu'à la coupure de l'assif Asfzim que nous remontons un peu pour aller demander l'hospitalité au cheikh Mohammed, des Beni Ider.

La vallée d'Asfzim est largement échancrée dans le volcan du Siroua, montrant vers l'aval son soubassement granitique tandis que, à partir de la kasba des Beni Ider, elle recoupe les déjections du volcan sur toute sa profondeur.

Le culminant du Siroua n'est pas très éloigné, il est situé à 15 ou 20 kilomètres seulement de la kasba, et je compte bien l'atteindre le lendemain. Mais la neige qui a contrarié notre marche dans la journée s'est mise à tomber avec force au point de recouvrir complètement le sol dans la soirée.

Le séjour à la kasba d'Asfzim n'est pas très confortable mais, par sa situation, ce gîte d'étape me paraît très agréable. Malheureusement une déception m'attendait au matin : la neige recouvre le sol au point d'effacer toute trace de piste et, malgré mes prières, les indigènes du pays comme ceux de mon escorte se refusent à m'accompagner jusqu'au sommet. Seul Moulaï Ibrahim déclare qu'il est prêt à me suivre, mais comme il ne connaît pas le pays, je me rends compte de toute la témérité qu'il y aurait, par ce temps défavorable, à faire l'ascension du djebel Siroua. « Si tu veux mourir, tu n'as qu'à partir seul », me dit l'un des hôtes du caïd.

Je dois me résigner et je me borne à parcourir les environs de la kasba dans la matinée. Je puis prendre quelques clichés et observer à loisir les roches volcaniques qui affleurent sur les flancs de la vallée.

Je rappellerai, ici, que j'ai signalé, en 1905, l'existence d'un vaste volcan récent au djebel Siroua, à la jonction du Haut Atlas et de l'Anti-Atlas, après ma première exploration. J'avais traversé le massif en son milieu, de l'est vers l'ouest, par le col du Tizi n Ougdour ; or, dans cette direction, les déjections du volcan ont été réduites par l'érosion ainsi que nous allons nous

Fig. 5. — VUE PANORAMIQUE DU VOLCAN DU SIROUA PRISE DE LA KASBA D'ASFZIM

Au fond, le culminant du Djebel Siroua sous la neige ; au premier plan, grosses bombes de la brèche andésitique.

en rendre compte, ce qui rendait plus difficile l'observation.

J'ai néanmoins été frappé de la fraîcheur des laves et des tufs et, malgré l'absence complète de données stratigraphiques, je n'ai pas hésité à dire que le djebel Siroua représentait les vestiges d'un vaste volcan récent, vraisemblablement d'âge néogène. Mon récent voyage n'a fait que me confirmer dans ma première impression.

La vallée de l'assif Asfzim offre une succession de produits de projections (cendres, brèches, tufs) et de coulées de laves dont la fraîcheur est parfois remarquable. Tous ces produits appartiennent à des déjections acides, andésitiques, trachytiques et même rhyolitiques. Au-dessus de la kasba d'Asfzim se montre une couche d'un tuf ponceux, qui rappelle celles du même genre du massif du Mont-Dore. Elle est recouverte par une accumulation épaisse d'une cinquantaine de mètres d'une magnifique brèche andésitique avec gros blocs de projection.

Les coulées andésitiques ou trachy-andésitiques, intercalées ou recouvrant ces produits de projection, sont relativement minées et s'étalent d'une façon très régulière sur de grandes étendues. On peut les suivre parfois sur 6 à 8 kilomètres.

Cette structure d'ensemble donne aux vallées qui découpent les flancs du gigantesque appareil l'aspect singulier de couches régulièrement stratifiées comme dans certaines couches sédimentaires bien litées.

Les vallées situées au sud, comme celles de l'assif Iougzen et de l'assif el Ioukouz, offrent le même aspect. Très largement ouvertes, elles isolent parfois des buttes-témoins couronnées par des lambeaux de coulées et elles descendent in--variablement de la région culminante du massif. Comme les grandes coulées émanent également de là, il semble bien que le centre principal d'émission de l'ancien volcan coïncide avec le point culminant actuel.

La disposition rayonnante des vallées qui forment un *étoilement* autour du sommet du djebel Siroua montre que ces vallées conséquentes suivent les lignes de plus grandes pentes de l'ancien cône de débris. Leur élargissement et leur profil transversal sembleraient témoigner, en outre, d'une érosion par les glaces, mais je n'ai pas de données pour affirmer, dans ces régions déjà présahariennes, la présence de traces d'une glaciation quaternaire.

Après avoir, à mon premier voyage, découvert l'origine volcanique d'un vaste massif qui n'avait jamais été approché par les explorateurs qui m'ont précédé comme Rohlfs, Oscar Lenz, Ch. de Foucauld, R. de Segonzac, j'ai admis, provisoirement tout au moins, l'âge récent, tertiaire, du grand volcan marocain. Mais je me suis appuyé ainsi que je l'ai déjà fait remarquer, plutôt sur mes impressions que sur des observations décisives.

J'avoue avoir été amené, à mon dernier voyage, à me poser tout autrement la question de l'âge du volcan du Siroua. En l'abordant comme je l'ai fait par le nord, après avoir observé pendant plusieurs jours les vestiges des immenses volcans permiens qui forment les plus hauts sommets de l'Atlas, il m'a semblé que ses coulées les plus septentrionales qui recouvrent la pénéplaine granitique de Tizi n Mouqsout se présentaient dans les mêmes conditions que les coulées permiennes du Haut Atlas.

Il n'y a pas de changement apparent dans l'allure des formations volcaniques situées au nord de l'assif n Sous, qui sont indiscutablement d'âge primaire, et celles situées au sud de l'Anmit n Tifnout, qui font partie des déjections du Siroua.

Des deux côtés les laves et produits de projection éruptifs recouvrent la pénéplaine cristalline et l'on peut voir les dykes de lave sillonner le socle ancien et marquer l'emplacement des fissures volcaniques.

Une autre analogie apparente résulte de la présence, sous les laves septentrionales du Siroua, de couches rougeâtres, rappelant les couches rouges détritiques du Permien dont nous avons vu le rôle important dans la structure des volcans primaires du Haut Atlas.

Malgré ces apparences, il m'est possible d'affirmer que les éruptions du Siroua sont récentes. Les tufs ponceux, trachytiques ou rhyolitiques, sont souvent plus frais que ceux du massif du Mont-Dore dans le Massif Central de la France et les laves du volcan de Siroua ont également conservé une fraîcheur qui n'a en rien modifié leur couleur première. Au contraire, les porphyrites et les mélaphyres des volcans permiens sont presque toujours, qu'ils soient à l'état de laves ou de tufs de projection, chargés de produits secondaires parmi lesquels dominent les chlorites et la silice sous toutes ses formes, anhydres ou hydratées.

Parmi les produits de projection il est des cendres ou des lapillis qui ne sont même pas cimentés, tandis que les tufs volcaniques primaires du Haut Atlas forment le plus souvent des roches plus dures que les laves contemporaines.

Ces données *d'ordre physique* ne sont d'ailleurs pas les seules qui militent en faveur de l'âge récent des déjections du Siroua. En l'absence de tous documents statigraphiques ou paléontologiques, des raisons *d'ordre morphologique* dé-

montrent surabondamment, en effet, l'âge néogène ou même subquaternaire du grand volcan.

Le versant occidental du Siroua parcouru par
le réseau hydrographique de l'oued Sous, montre des traces d'une érosion plus puissante que
le versant oriental du même massif tributaire du
réseau de l'oued Drâ.

Les vallées du flanc ouest, comme celles de
l'assif Asfzim et de l'assif el Ioukouz, remontent
leur tête jusqu'au sommet ou même prennent
naissance au delà de la crête, témoignant ainsi
d'une activité de creusement de beaucoup supérieure à celles des vallées du flanc opposé. On
peut même voir sur le versant en regard du Sous
que les vallées ont mis assez profondément à
jour le granite du socle du volcan et cela assez
près du sommet.

Je n'ai malheureusement pas pu mesurer les
différences de cotes entre ce soubassement et le
culminant du massif volcanique, mais je serais
étonné que cette différence d'altitude dépasse
quelque 600 mètres.

Or l'étendue du volcan implique une plus
grande puissance de déjection et il faut admettre qu'il a été fortement décapé de ce côté.

D'autre part, en descendant la pente du soubassement granitique du Siroua sur son rebord
ouest, pour gagner Aoulouz ou la vallée de l'oued
Zagmouzen, on observe, après un parcours de
plusieurs kilomètres sur les terrains cristallins,
de forts lambeaux de brèche andésitique de 50 à
80 mètres de puissance qui font aussi partie du
volcan de Siroua. Or ces brèches, isolées par la
dénudation, se trouvent manifestement sur le
versant du plateau cristallin qui était déjà entamé par l'érosion avant l'éruption.

On peut se rendre compte, en outre, de l'extrême activité des cours d'eaux tributaires de

l'oued Sous : la forme des vallées encaissées ou en gorges, l'aspect déchiqueté du massif granitique qui donne de ce côté l'impression d'un chaos de pics et de crêtes aigus, en témoignent suffisamment.

On est ainsi amené à comprendre la phase éruptive du Siroua dans la période plus longue d'érosion du plateau granitique aux temps tertiaires, quaternaires et actuels.

Si nous nous reportons à ce qui s'est passé ailleurs, dans l'Afrique du Nord, à cette époque, nous savons notamment que, dans le Tell algéro-tunisien et au Maroc, on peut faire remonter cette longue phase de dénudation jusqu'au Miocène supérieur, inclusivement.

Il en résulte que l'édification du volcan du Siroua ne peut être antérieure à cette date et doit vraisemblablement être pliocène. Je pencherais pour un âge pliocène récent, empiétant peut-être sur le début de l'époque quaternaire : le volcan du Siroua serait contemporain des volcans du Cantal ou du Mont-Dore.

Bien entendu ce ne sont là que des approximations car l'âge du volcan du Siroua ne sera connu avec précision que du jour où des documents paléontologiques, notamment des débris de mammifères que l'on peut espérer trouver un jour dans ses tufs, permettront de dater la faune qui vivait sur le plateau des Aït Khzama et sur les flancs du volcan en activité.

En délimitant approximativement, dans ce pays où tout est à faire, l'aire d'extension des laves et tufs volcaniques d'après leurs vestiges actuels, on est frappé de voir que ces roches s'étalent sur une bande méridienne qui n'atteint guère 20 kilomètres de largeur, tandis qu'elle dépasse 50 kilomètres de longueur. Or, la périphérie du volcan en activité était plus ou moins grossièrement circulaire. Il est visible aussi que le méridien du culminant du grand volcan découpe cette bande volcanique en deux parties inégales, la plus large étant portée vers l'est. Ceci résulte de la différence d'activité du réseau hydrographique de l'oued Drâ dans l'est et celui de l'oued Sous dans l'ouest.

Ainsi que je l'ai déjà fait remarquer, les affluents du Sous sont beaucoup plus actifs que ceux du Drâ, à cause des chutes brusques de pente sur le versant occidental. Il faut donc admettre que les affluents de l'oued Sous reculent plus rapidement leur tête pour capter les affluents de l'oued Drâ : le bassin du Sous s'élargit donc de ce côté, au détriment du bassin du Drâ.

Le Siroua est couvert de neige la plus grande partie de l'année, mais non de neiges éternelles. Pendant trois mois environ il est complètement nu, avec une végétation herbacée assez maigre où le mouton trouve cependant une nourriture assez abondante tandis que les alentours sont complètement desséchés sous le soleil brûlant et l'atmosphère dépourvue d'humidité des confins du Sahara.

Aussi le massif volcanique est-il un pays de transhumance pendant la période la plus sèche de l'année. Les troupeaux des tribus environnantes y viennent pâturer : les Aït Makhlif, Aït Khzama, Aït Tamassine, Aït Semgan, Aït Ouar'dra, Aït Oubial, Aït Atmann, Tadr'art, Beni Ider, Aït Ouattassa, ont tous une hypothèque sur ce pays de pâturage très précieux aux limites du grand désert.

Le gros gibier est assez abondant représenté principalement par le mouflon à manchettes et la gazelle ; le lièvre et la perdrix rouge sont également assez répandus.

Quelques impressions sur l'Anti-Atlas

Après avoir quitté le djebel Siroua, j'ai pu toucher l'Anti-Atlas sans cependant accomplir tout le programme que je m'étais tracé. Il m'avait été promis, par le pacha de Marrakech, que je pourrais parcourir la grande tribu des Sektana, qui est assise sur le flanc septentrional de cette chaîne et déborde au delà de sa ligne de faîte ; je devais ensuite, par le col de Tizi n Azrar, gagner directement Taroudant par Tîout. Mais arrivé à Taliouïne, au bord des Sektana, il m'a été donné toutes sortes de bonnes raisons pour m'empêcher d'aller plus loin et j'ai compris qu'il valait mieux ne pas insister et remettre à une autre fois cette partie de mon programme. J'étais cependant décidé à ne pas perdre mon temps et c'est ce que j'ai fait.

J'ai pu, du plateau des Sektana, jeter un coup d'œil sur l'Anti-Atlas dont j'ai recoupé les contreforts jusqu'à Aoulouz, dans la vallée du Sous, puis j'ai longé la chaîne d'Aoulouz jusqu'à Taroudant ; enfin de Taroudant je suis allé sur le versant septentrional de l'Anti-Atlas à Tîout.

Avant de poursuivre mon voyage je désirerais faire une remarque sur l'appellation des chaînes du Maroc.

J'ai vu, avec regret, le Service Géographique du Maroc employer les noms de Grand Atlas pour celui de Haut Atlas et le nom de Petit Atlas au lieu d'Anti-Atlas. C'est là une dérogation aux usages suivis en nomenclature, usages qui, d'habitude font loi. Sans doute les deux noms de Grand Atlas et Haut Atlas sont synonymes, mais le second était consacré parce qu'il a sur le premier la priorité et l'on doit, en géographie comme en toute autre science, suivre les règles établies ou confirmées par les congrès internationaux, sans quoi l'on tomberait rapidement dans la confusion.

En ce qui concerne le mot Anti-Atlas, remplacé par celui de Petit Atlas, le cas est beaucoup plus grave.

Le nom d'Anti-Atlas a été donné en 1871 par l'explorateur anglais Hooker à une chaîne basse qu'il aperçut d'un sommet du Haut Atlas, le djebel Tiza. Sans doute ce nom n'a pas de signication scientifique, pas plus que ceux d'Anti-Liban, Anti-Caucase, Anti-Taurus. Hooker a ainsi dénommé la chaîne marocaine qui court parallèlement au Haut Atlas comme l'ont été celles de l'Orient qui s'opposent également aux chaînes du Liban, du Caucase et du Taurus.

La dénomination de Petit Atlas offre le grave inconvénient de faire double emploi avec celle donnée au Rif par Ptolemée : le Petit Atlas est donc la chaîne côtière méditerranéenne qui court depuis la frontière algérienne jusqu'au Mont aux Singes, sur le détroit de Gibraltar, en prolongement de l'Atlas tellien.

On pourra nous dire que les mots de Grand et Petit Atlas, pour désigner les deux chaînes sud-marocaines, ont été employés par Ch. de Foucauld. Mais ce n'est pas une raison, parce que Ch. de Foucauld a fait de mémorables explorations qui l'ont rendu illustre et dont personne ne conteste la valeur, pour le suivre dans une voie dont il n'a certainement pas entrevu tous les obstacles et qu'il serait le premier à abandonner s'il pouvait encore être consulté.

Je crois qu'il convient de conserver les deux appellations de Haut Atlas et d'Anti-Atlas, le Petit Atlas désignant le Rif qui encadre, avec le Haut Atlas, toute l'étendue du Moyen Atlas.

Il y a continuité entre l'Anti-Atlas et le massif du Siroua par le socle cristallin ancien qui supporte le grand volcan tertiaire. La descente des Beni Ider vers la vallée de l'Asif Zagmouzen est à la fois abrupte et pittoresque.

Le réseau hydrographique supérieur de l'oued Sous forme, sur cette pente, de profondes vallées très encaissées, débutant fréquemment en gorge et découpant le plateau cristallin en une série de crêtes aigües. On a rarement l'impression d'un relief aussi jeune que celui qui sépare le Siroua de la plaine du Sous.

La constitution géologique de cette région accidentée est assez compliquée. Aux granites que l'on observe sous les déjections volcaniques du Siroua succèdent des granites porphyroïdes remarquables, puis un complexe sédimentaire formé de schistes, de grès, de quartzites, enfin de poudingues à gros éléments de roches anciennes où abondent les galets de quartz gras.

L'ensemble forme une série puissante à étudier mais qui est entièrement paléozoïque. Les poudingues sont peut être permiens, je crois plutôt qu'ils sont plus anciens (dévoniens ?). L'absence de documents paléontologiques ne permet encore aucune précision à cet égard.

Enfin, dans le fond de la vallée de l'assif Zagmouzen. en approchant d'Izougueïr affleure un terrain formé de calcaires bien lités, alternant avec des marnes schisteuses de couleur de lie de vin. L'âge de ce terrain reste indéterminé.

Un changement de climat assez brusque se fait sentir lorsqu'on descend la pente du plateau granitique. On abandonne rapidement, en effet, la flore très maigre pour une végétation assez vigoureuse de thuya, sur les pentes, de laurier-rose dans le fond des vallées, enfin une assez

bclle flore d'asphodèles, de grands cistes, de la-
vandes, de labiées, etc...

Nous arrivons à l'approche de la nuit du 13
avril chez le cheikh Mansour ben Mhoammed ben
Amar, à la kasba d'Irougueir. Ma visite était
annoncée, le cheikh était prévenu par le caïd

Fig. 6. — LA KASBA DU CHEIKH MANSOUR
à Izouguèr, dans la vallée de l'assif Zagmouzen.

d'Aoulouz de ma venue prochaine. Il s'excuse
de n'avoir pu obtenir d'autre précision car il se
serait porté à notre rencontre.

La kasba d'Izougueïr émerge dans une zone
de verdure, au milieu de beaux vergers qui forment une bande de végétation très vigoureuse
dans une région presque complètement dénudée.
Partout où l'indigène peut irriguer par dériva-
tion des eaux de l'assif Zagmouzen il obtient de

belles récoltes de légumes et de céréales, il entretient de beaux jardins d'arbres fruitiers.

Nous sommes accueillis somptueusement par le cheikh Mansour. On nous sert d'abord un excellent repas que préside le gendre du maître de céans, tandis que celui-ci s'occupe à nous préparer une fête de nuit.

Vers 23 heures, en effet, nous sommes conduits dans une grande cour : un mur en gradins va nous servir d'estrade pour assister à des danses berbères. Je suis invité à prendre place sur l'unique chaise qu'on a mise là à mon intention, tandis que mes compagnons et d'autres invités s'accroupissent autour de moi. Six hommes assis sur le pavé de la cour accompagnent avec force tambourins une trentaine de femmes serrées les unes contre les autres, en deux rangées qui se font face ; chaque groupe chante d'un ton aigu, un refrain que l'autre va répéter. La monotonie de ce chant est cadencée par un balancement de toute la troupe et par des battements de mains.

Ces femmes, jeunes ou vieilles, parmi lesquelles des jeunes filles, ne sont pas voilées. Elles arrivent une par une des environs, vêtues de robes blanches, rehaussées de colliers du pays et coiffées de foulards de couleurs. Elles chantent sans arrêt, sur des airs et avec des paroles improvisés, les louanges de leur seigneur et maître, celles de mes compagnons ou de moi-même : « Moulaï Ibrahim a gravi la montagne, il a franchi le Tizi n Tar'rat... »

Nous sommes connus mes compagnons et moi, dans ces régions qui étaient si jalousement fermées il y a peu d'années encore, à l'infidèle. On sait par le menu mes pérégrinations d'autrefois. Si j'avais été reconnu à cette époque c'était la captivité à coup sûr, la mort peut-être ; aujourd'hui c'est la bienvenue.

Il y a donc quelque chose de changé sous ce ciel limpide et chaud où tout respirait une indépendance farouche, autrefois, où le nom français est aujourd'hui respecté. Et nous sommes à plus de 150 kilomètres de nos postes militaires les plus proches.

C'est là le plus grand éloge que l'on puisse faire du Protectorat de la France au Maroc et du prestige du grand chef qui a été appelé à diriger ses destinées.

Malgré l'originalité de cette fête de nuit éclairée par quelques lanternes, et par un feu de joie que les musiciens entretiennent pour y faire sécher de temps à temps la peau de leur tambourin ; malgré le cadre si pittoresque, sous un ciel étoilé et la douce fraîcheur de la brise descendue de l'Atlas, je n'attends pas la fin de ces réjouissances qui ont attiré une foule importante, pour me retirer. L'heure est déjà avancée et il nous faut prendre un peu de repos avant de nous remettre en route.

Le matin, après une collation, nous descendons la vallée accompagnés du cheikh qui veut me faire les honneurs de ses domaines. Il va nous conduire jusqu'à Ir'il n Or'o où il nous fera déjeuner.

Le thalweg de l'assif Zagmouzen est partout couvert de cultures et de verdure, les moindres surfaces d'alluvions sont irriguées avec soin. Des arbres fruitiers : orangers, citronniers, abricotiers, amandiers, dominés par de grands palmiers, rehaussent l'aspect de cette longue bande de verdure au fond d'une vallée dont les flancs sont rigoureusement nus. Et comme pour mieux faire ressortir l'aridité du pays en dehors de la faible partie irrigable, les calcaires avec lits schisteux affleurent partout, énergiquement

plissés, montrant leurs couches contournées, éti-
rées en une multitude de plis et de fractures

Nous allons suivre longtemps ce terrain qui
joue un rôle important dans la structure de l'Anti-Atlas.

La passe d'Ir'il n Or'o signalée par Ch. de
Foucauld, est entaillée dans les calcaires sur le
chemin de Tifnout.

Le climat de ces régions est déjà très sec : la
température, l'aridité du sol, tout indique l'entrée du désert. En dehors du cours d'eau le sol
est presque rigoureusement nu : plus d'arbres,
seulement quelques petites herbes clairsemées.
La culture n'est possible que dans les parties irrigables et les surfaces travaillées dépendent de
la quantité d'eau roulée par l'assif Zagmouzen.
Aussi l'étendue des cultures est-elle subordon-
née aux précipitations atmosphériques pendant
la saison pluvieuse, ou, ce qui revient au même,
dépend-elle des chutes de neige sur le massif du
Siroua où se trouve le bassin de réception de cet
affluent de l'oued Sous.

Lorsque l'hiver a été assez humide les indigènes ménagent parcimonieusement, en petits
champs étagés, les moindres lopins de terre que
les seguias pourront atteindre.

Dans ce pays sec et chaud, même en hiver, la
culture donne des résultats surprenants. En se-
mant les céréales, surtout l'orge, en janvier, on
récolte en avril-mai : en trois à quatre mois la
moisson est faite. Si la saison a été assez pluvieuse, autrement dit si la rivière coule assez
longtemps, on sème du maïs après la moisson
de céréales et l'on récolte encore trois mois après.

Mais aucune culture n'est possible en dehors
de la zone irriguée malgré les pluies d'hiver,
parce que la sécheresse et la chaleur de l'atmosphère auraient vite raison des jeunes plantes.

On peut dire que, dans ces régions toutes les années sont des années de sécheresse.

En dehors de la zone irriguée les petites plantes herbacées offrent, pendant la saison d'hiver et au printemps, des pâturages suffisants pour le mouton ; mais les troupeaux doivent s'éloigner pendant la saison sèche, ils transhument vers le Siroua.

Le cheikh Mansour d'Izougueïr nous offre, dans sa kasba d'Ir'il n Or'o, un déjeuner et nous conduit ensuite jusqu'à la limite de son territoire de commandement.

Nous regagnons le thalweg de l'assif Zagmouzen que nous descendons jusqu'à la kasba de Taliouïne. Nous sommes reçus par le khalifa du pacha de Marrakech Sdimoh et son aimable cousin Moulaï Ibrahim.

Le khalifa Sdimoh est le représentant du pacha El Hadj Tahmi dans la grande tribu des Sektana. L'immense kasba qu'il habite est, aux yeux de ses administrés, un indice de sa puissance. Ce vaste édifice, aux épais murs de pisé, est alimenté par une source lointaine descendue du plateau des Sektana que je vais voir le lendemain, à la condition de ne pas m'éloigner.

Le marché du dimanche (Souk el Had) se tient au bord de ce vaste plateau, pénéplaine formée par arasement de calcaires, parfois dolomitiques, entremêlés de schistes rouges ou lie de vin que nous suivons depuis Izougueïr et que je vois s'étendre au loin jusqu'à plus de 15 kilomètres. Ils sont encore ici extrêmement plissés et le bord du plateau, dans la coupure de la vallée de l'assif Zagmouzen, montre une série de plis anticlinaux et synclinaux, souvent déversés et même chevauchés, que l'on peut photographier.

Le plateau est aride sur la plus grande partie de son étendue : il offre un sol de pierre où toute culture est impossible sans irrigation car le climat désertique est ici déjà bien établi ; l'influence des grands reliefs du Haut Atlas ne se fait plus sentir et nous ne sommes plus qu'à trois journées de marche des plaines du Drâ qui appartiennent au Sahara septentrional.

Aussi est-il curieux de constater l'existence d'une multitude d'oasis de verdure sur ce plateau complètement brûlé. Des sources, parfois à gros débit, sourdent en effet, en divers points, dans de larges excavations creusées à la surface de la pénéplaine et les indigènes les ont aménagées avec la patience et l'ingéniosité qu'ils savent toujours apporter à ce genre de travaux. On sait, en effet, quelle importance ils attachent aux questions de « points d'eau », dans les régions sahariennes, et nous sommes déjà pour ainsi dire, ici, au Sahara.

De longues séguias permettent d'irriguer toutes les bonnes terres qui, stériles en apparence dans les zones brûlées, sont très fertiles sous l'ardeur du soleil lorsqu'elles sont arrosées. Des vergers aux arbres vigoureux (amandiers, palmiers, oliviers, orangers, etc...) encadrent de petits champs de céréales, d'orge surtout, et forment de riantes oasis dans ce désert de pierres. La culture du safran est soignée dans cette région, elle donne un produit très estimé parmi les exportations du Maroc.

On peut se demander comment ce plateau assez régulier peut ainsi receler en profondeur des nappes d'eau parfois si importantes. J'en vois l'explication dans la structure des calcaires dolomitiques et des schistes colorés intercalés entre leurs lits réguliers.

Les plissements multiples de ce terrain forment, dans les zones synclinales, des cuvettes où les eaux superficielles, s'infiltrant dans les dolomies poreuses sont arrêtées à une certaine profondeur par quelque lit imperméable de schiste rouge. De plus, ces cuvettes souterraines sont alimentées suffisamment par les pluies, si rares soient-elles, à cause de l'infiltration facile des eaux de pluie dont chaque goutte contribue à accroître la réserve profonde.

Les indigènes puisent aux émergences de ces nappes souterraines dont ils augmentent le débit par de petits travaux de recherches.

Ces sources ont généralement produit, à la surface du plateau, par une action érosive et corrosive de leurs eaux, des cuvettes plus ou moins étendues où sont accumulées les débris insolubles de la dissolution ou du remaniement des roches superficielles ; et les sols ainsi formés sont susceptibles d'une assez grande fertilité sous l'action bienfaisante de l'irrigation et du chaud soleil de ces contrées.

Ces émergences créent parfois des réserves de force assez sensibles.

Tel est le cas de la source à fort débit de Souq el Had utilisée à la kasba de Taliouïne après une chute de plus de 100 mètres. Les indigènes l'ont captée souterrainement. Elle est très importante et son débit pourrait être augmenté par des travaux prudents.

De ce point j'ai pu voir se profiler, à 20 ou 30 kilomètres, dans le lointain, le volcan du Siroua qui apparaît nettement, juché sur son socle granitique. De plus cet important appareil se montre, à distance, fortement sculpté par l'érosion, profilant ses longues coulées sur les flancs des vallées et, d'ailleurs, les buttes-témoins de tufs de projection couronnées par des lambeaux de laves.

Nous quittons Taliouïne le 16 avril au matin

non sans que j'éprouve vivement le regret de n'avoir pu explorer, jusqu'à sa limite méridionale, la grande tribu des Sektana. J'ai dû me contenter la veille de constater, à la lorgnette, la grande extension vers le sud des calcaires dolomitiques et.des schistes colorés du plateau de Souk el Had et d'apercevoir le massif, vraisemblablement formé de roches anciennes, qui domine le col de Tizi n Azrar, qui se trouve sur la ligne de partage des eaux du Sous et du Drâ et sur la ligne de faîte de l'Anti-Atlas.

Comme il faut renoncer à prendre le chemin direct de Taroudant je dirige ma petite caravane vers Aoulouz, à la limite orientale de la plaine du Sous.

Notre chemin jusqu'à Taourirt el Had, descend le cours de l'Asif Zagmouzen.

Nous demeurons constamment sur les calcaires dolomitiques, avec schistes lie de vin. On voit apparaître, de temps en temps, à la faveur de l'érosion de la rivière, les conglomérats à gros blocs de roches anciennes d'Izougueïr et des roches volcaniques que j'ai touchées, près d'Ir'il n Or'o, ce qui me rappelle celui des conglomérats de base des « grès de Tikirt » que j'ai rapportés, provisoirement tout au moins, au Dévonien. Malheureusement je n'ai pas vu de trace de débris organisés, pas plus ici que là-bas.

Partout les calcaires dolomitiques sont très plissés et la direction des plis montre une disposition tournante, depuis la direction est-ouest à celle de la méridienne. Il est intéressant de remarquer que le cours de l'assif Zagmouzen suit la direction des plis ce qui explique sa disposition tournante depuis la kasba d'Izougueïr.

La puissance de ces couches, qui est de plus de 200 mètres, explique son affleurement continu

sur d'immenses surfaces et rien n'est plus curieux que l'empreinte donnée par ces couches
plissées aux formes du terrain. La tectonique
peut se lire et se photographier par les traces
en saillie des lits de calcaires dolomitiques sur
les lignes d'affleurements complètement dénu-
dées. L'allure plissée de ce terrain, si remarquable par sa composition lithologique et son
extension, donne à la structure de l'Anti-Atlas,
sur son flanc septentrional, un caractère tout
particulier. Et si l'on se reporte à l'allure beaucoup moins tourmentée des couches secondaires,
jurassiques ou crétacées, dans le Haut Atlas, on
est encore porté à voir dans le complexe de calcaires dolomitiques et de schistes lie de vin, une
formation paléozoïque qui aurait subi les effets
de plusieurs phases orogéniques.

On peut saisir sur d'assez faibles parcours,
toutes les influences tectoniques possibles sur le
modelé, dans ce terrain très énergiquement plissé et souvent dénudé : crêtes anticlinales, vallées
synclinales, reliefs inversés, synclinaux perchés
etc... Le climat s'adoucit très sensiblement en
descendant, vers le nord, le cours de la rivière ;
pas très chaud en été le pays reçoit rarement la
neige en hiver, alors que les cîmes environnantes en sont couvertes une bonne partie de l'année.

C'est ainsi que la végétation commence à apparaître.

Tandis que le thalweg de l'assif Zagmouzen
prolonge vers le nord, le long ruban de verdure
que nous avons déjà observé depuis Izougueïr
avec ses oliviers, ses figuiers, ses amandiers, ses
palmiers, les flancs de la vallée longtemps arides
et nus commencent à se vêtir de rtem, de juju-
biers et de plantes herbacées ; en outre, l'olivier

4

semble vouloir sortir du fond humide de la vallée où il avait, jusqu'ici, été relégué.

Ce changement de décor implique une humidité croissante de l'atmosphère. Il semble que des vents maritimes remontent la vallée de Zagmouzen, depuis la plaine du Sous. Cette idée qui m'était venue à l'esprit en arrivant à Taourirt el Had, m'a été confirmée par l'apparition subite et le développement rapidement croissant de l'arganier.

Après un déjeuner cordial chez le caïd Brahim, nous poursuivons notre route en laissant sur notre droite la vallée de Zagmouzen pour recouper, jusqu'à la plaine du Sous, les contreforts mamelonnés de l'Anti-Atlas.

Je ne tarde pas à voir apparaître l'arganier qui prend, ici, un développement plus important que chez les Haha : les arbres de plus de 0 m. 50 de diamètre de tronc, atteignant jusqu'à 10 mètres de hauteur, ne sont pas rares.

L'arganier est d'abord l'unique essence dans ces bois relativement clairsemés, puis l'olivier vient s'associer à lui en approchant de la plaine du Ras el Oued, tout en se cantonnant, il est vrai, dans les parties irriguées.

J'estime qu'il n'existe pas ailleurs, dans l'aire d'extension de l'arganier, entre Safi et le Sous, de région où cet arbre si singulier soit plus développé et plus vigoureux. Il est certain que la région comprise entre Taourirt el Had et Aoulouz est le lieu d'habitat par excellence de l'arganier.

Sans atteindre cette région lors de ma première exploration (1904) j'avais pressenti l'extension de l'arganier jusque dans ces parages ; mon récent voyage permet de confirmer l'appellation d' « arbre du Sous » que j'avais donnée à cette essence de la famille du bois de fer, derniers

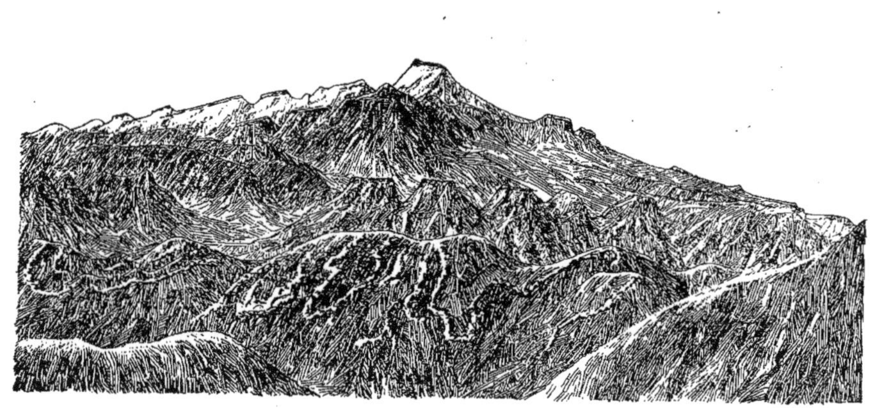

Fig. 7. — LE VOLCAN DU SIROUA JUCHÉ SUR SON SOCLE DE GRANITE ET DÉLABRÉ PAR L'ÉROSION

Vue prise de Souq el Had des Soktana (direction Nord-Est). Au premier plan les calcaires dolomitiques plissés.

vestiges d'une flore tropicale presque entièrement disparue (1).

Nous sommes bien accueillis, à la tombée de la nuit, par le caïd El Arbi Dordori. Sa kasba est située au bord de l'oued Sous, sur sa rive gauche, dans une région pittoresque.

Fig. 8. — UN ARGANIER DANS LA FORÊT DE TIDNESS au sud d'Aoulouz.

Le nom d'Aoulouz ne s'applique pas à un village ni à une kasba, c'est un nom régional.

Au point de vue physique nous nous trouvons ici dans la zone de convergence des cours d'eaux, qui forment le réseau supérieur de l'oued Sous. Jusque là le fleuve coule dans des vallées encaissées, parfois dans de belles gorges creusées dans un massif ancien déchiqueté, qui s'arrête à Aoulouz, dominant de ses escarpements le bord

(1) L'arganier ou l'arbre du Sous (Maroc), *La Nature*, 1906, p. 171.

oriental de la grande plaine du Sous. Puis le fleuve coule dans la plaine, d'abord entre des berges assez abruptes, puis sur un large lit inondé au moment des crues. On peut dire que toute la partie du réseau hydrographique de l'oued Sous qui se trouve en amont de Dar Caïd el Arbi appartient au bassin de réception du fleuve ; tandis que, vers l'amont, celui-ci tend vers son profil d'équilibre.

Ce profil-limite est pourtant loin d'être atteint à Aoulouz où l'oued Sous coule encore avec rapidité, creusant encore son lit entre des berges à pic. Tout en tenant compte de l'éloignement de la mer il convient de noter, en effet, que l'on se trouve encore à 750 mètres d'altitude.

Au point de vue géographique nous nous trouvons à Aoulouz au bord sculpté par l'érosion, du plateau cristallin, débris de l'ancienne pénéplaine recouverte par le relief volcanique surimposé du Siroua. Immédiatement au nord s'étalent les premiers contreforts méridionaux du Haut Atlas ; au sud, la vallée de l'assif Zagmouzen, jusqu'à son confluent avec l'oued Sous, coule dans les calcaires dolomitiques et les schistes coloris qui prennent une part importante à la structure de l'Anti-Atlas. Il en résulte que Aoulouz se trouve sur la ligne bissectrice de l'angle de virgation des plis du Haut Atlas et de l'Anti-Atlas. A ce point de vue encore nous nous trouvons, ici en un point géographique remarquable de l'Atlas marocain.

Nous sommes dans l'obligation de faire halte à Dar Caïd el Arbi parce que je désire me mettre en contact avec le capitaine Denis, chef du bureau des renseignements de Taroudant.

Je l'informe de mon arrivée à Aoulouz par rekkas (courrier à pied) et il me faudra plus de vingt-quatre heures pour avoir sa réponse par la même voie, car la distance qui nous sépare n'est pas moins de 80 kilomètres.

Je n'ai cependant pas longtemps à attendre : le capitaine Denis me répond qu'il viendra me prendre en automobile le lendemain matin pour m'emmener à Taroudant où je suis attendu. J'apprends seulement avec déception que le courrier sur lequel je comptais n'est pas arrivé.

La piste que prend notre voiture entre Aoulouz et Taroudant suit le thalweg de l'oued Sous, ou bien le cotoye tantôt sur la rive droite tantôt ur la rive gauche.

Ce qui frappe tout d'abord c'est le changement brusque de climat des régions que nous avons à traverser. A moins de 10 kilomètres de Dar Caïd el Arbi le pays devient beaucoup plus sec : la piste descend sensiblement et nous abandonnons la zone où commencent les pluies de reliefs. Nous allons maintenant demeurer jusqu'à Taroudant et même jusqu'à la mer, dans la zone sèche, tandis qu'Aoulouz fait déjà partie, au point de vue pluviométrique, de la région montagneuse.

Ce qui frappe plus encore c'est de voir que le fleuve roule de moins en moins d'eau en descendant son cours, alors que le contraire devrait normalement se produire. C'est à Dar Caïd el Arbi que j'ai vu le plus gros débit de l'oued Sous : en aval le cours d'eau se montre diminué, parfois même complètement désséché. Il conserve certainement en ce cas un cours souterrain, sous les alluvions caillouteuses du thalweg pour reprendre, momentanément du moins, son cours à l'air libre jusqu'à Taroudant. Il faut aller plus en aval de la ville pour retrouver l'oued Sous avec son cours normal.

Ces anomalies ne sont qu'apparentes. L'assèchement momentané de l'oued, en un point de

son cours, tient aux nombreuses dérivations
aménagées par l'indigène pour l'irrigation.

Déjà à l'entrée du fleuve dans la plaine alluvionnaire, près de la kasba du Caïd el Arbi, d'importantes séguias sont creusées, qui dérivent les
eaux de l'oued Sous pour arroser de grandes surfaces plantées en oliviers et en céréales. En aval,
l'indigène dérive jusqu'à épuisement, pour arroser les terres d'alluvions avoisinantes.

C'est ainsi que, sur une bande de largeur variable, de part et d'autre du lit de l'oued Sous,
s'échelonnent des champs de culture, surtout
d'orge et des vergers de figuiers, d'oliviers, d'a-
mandiers.

Cette végétation parfois luxuriante a frappé
le vicomte Ch. de Foucauld dans son voyage de
Mogador à Tissint (1) et comme l'illustre explorateur a remonté le cours du fleuve depuis son
embouchure jusqu'à Tafellount, sans beaucoup
s'écarter de son thalweg, il eut l'impression très
nette que la plaine du Sous était très fertile,
ainsi qu'on pouvait le constater partout où elle
était travaillée.

J'avais été, pour ma part, fortement déçu lors
du raid que j'accomplissai dans ces régions en
1904. Il est vrai que je n'avais pas suivi le même
itinéraire que mon illustre devancier. Au lieu de
remonter la vallée dans le voisinage du lit du
fleuve j'avais traversé, depuis le pied du col des
Bibaoun, la forêt des Heuara jusqu'à Taroudant
pour remonter ensuite par la vallée de l'oued
Mentaga, dans les premiers contreforts du Haut
Atlas. J'avais enfin longé, de l'ouest à l'est, la
zone axiale de la grande chaîne.

Il m'avait semblé qu'en dehors des régions ar-

---

(1) Reconnaissance au Maroc, Paris 1888, p. 188 et suivantes.

rosées par la main de l'homme le sol était peu propice à la culture à cause de la sécheresse relative du climat. Si le vicomte de Foucauld a eu, au contraire, une impression de grande fertilité, c'est qu'il n'a vu du Sous que la bande assez étroite qui avoisine le lit du fleuve et qui est parcimonieusement aménagée par les indigènes.

En fait les terres de la plaine du Sous ne sont guère utilisables que lorsqu'elles peuvent être irriguées, et le laboureur court toujours de gros risques lorsqu'il met à profit les pluies précoces, pour ensemencer les terres de culture. C'est ainsi que l'année présente les Soussi des environs de Taroudant ont beaucoup labouré à la suite de pluies abondantes en octobre et novembre ; mais, en beaucoup de points, le grain n'a même pas levé à cause de la longue période de sécheresse qui a suivi ce début si engageant de l'année agricole.

Le séjour à Taroudant m'a été très agréable, non pas à cause de la ville dont le cachet plus ou moins ruiné m'a rappelé les villes marocaines d'autrefois qui subissaient fréquemment l'assaut, puis le pillage, des tribus environnantes. Tel était le sort de Taroudant lorsque je passai en modique caravane, à la fin de décembre 1904 ; la ville était assiégée et je dus aller planter ma tente un peu plus loin, à El Boura, petit village situé à 6 kilomètres de la ville.

J'ai certes eu l'occasion de me remémorer bien des souvenirs de ce voyage déjà lointain en revoyant ces régions ; mais ce qui m'a fait le plus de plaisir, ce qui surtout a retenu mon attention, c'est l'œuvre accomplie à Taroudant, en ce coin perdu du Sud-Marocain, situé à plus de 100 kilomètres du poste militaire lui-même déjà isolé d'Agadir, par une poignée de Français. Je n'ai pas

eu la bonne fortune de rencontrer l'officier commandant le peloton de spahis qui constitue toute
la garnison de troupés régulières de Taroudant;
mais j'ai pu m'entretenir à loisir avec les officiers du « bureau », le Capitaine Denis, mon
hôte; son adjoint le lieutenant de la Chapelle;
le médecin-major Nain, enfin, le seul collabora-
teur civil, M. Four, directeur de l'école pro-
fessionnelle.

Il est réconfortant de voir ce que peuvent quelques bons Français unis dans le travail pour la
cause de notre civilisation, dans ce pays qui avait
été, il y a une dizaine d'années seulement, à peine
entrevu par quelques explorateurs qui ne pouvaient, sans de gros risques, s'y attarder. Si l'on
songe, d'autre part, au rendement de leurs efforts
parmi ces populations intelligentes et laborieu-
ses, on ne peut que souhaiter que tous les moyens
d'action soient donnés à ces précieux ouvriers de
la propagande française dans ces contrées si peu
connues de l'Islam.

Avant de revenir sur mes pas pour rejoindre
ma caravane à Aoulouz, je profite de l'extrême
obligeance du capitaine Denis pour visiter les
environs.

Je désire, surtout aller toucher le bord de l'Anti-
Atlas. Une promenade jusqu'à Tiout, après
avoir visité le mamelon de Sidi Ben Rjo, est très
intéressante.

Sidi Ben Rjo est un témoin de l'érosion comme
il en est plusieurs, isolés dans les alluvions anciennes de l'oued Sous. Formé de bancs de poudingues à éléments anciens et de grès rouges alternant avec des bancs calcaires ou rosés, avec
mauvaises empreintes de coquilles de mollusques,
ce mamelon est vraisemblablement constitué par
le prolongement des couches crétacées des contreforts méridionaux du Haut Atlas. Faiblement re-

levées vers le sud, ces couches dessinent un large pli synclinal actuellement occupé par la vallée de l'oued Sous.

Il en est tout autrement de la constitution géologique des contreforts de l'Anti-Atlas. L'agadir de Tîout est construit sur des calcaires dolomitiques bleus, en bancs de quelques décimètres à deux mètres d'épaisseur, alternant avec des marnes schisteuses de couleur vert-clair. Il m'a semblé que l'on avait encore ici, les calcaires dolomitiques avec les schistes colorés que j'ai observés dans la vallée de l'assif Zagmouzen jusqu'à Aoulouz et que j'ai suivis sur les pentes de l'Anti-Atlas, entre Dar Caïd el Arbi et Taroudant.

Il est possible que ce terrain se prolonge, au sud, jusqu'aux reliefs anciens, aux crêtes déchiquetées qui se profilent dans le lointain, suivant l'axe de la chaîne, chez les Ida ou Zekri. J'avais pensé que les terrains cristallins devaient émerger de ces côtés et deux échantillons de roches de cette provenance que m'a montrés le chikh de Tîout semblent devoir confirmer mon impression, car ils appartiennent à des types de gneis et de micaschiste bien caractérisés.

De retour à Dar Caïd el Arbi, je me suis immédiatement mis en route pour Marrakech. La traversée du Haut Atlas par Ouneïn, Talat n Yaqoub (Kasba Goundafa) et Asni, n'a pas été sans difficulté à cause d'importantes chutes de pluie et de neige qui nous ont assaillis dans la haute montagne, ont retardé notre marche et n'ont pas facilité le passage du col de Tizi n Ouïchedden. Cette partie finale de mon voyage mériterait d'être contée et j'aurais bien des choses à dire, également, sur mes impressions de naturaliste dans ces régions de la grande chaîne marocaine. Je me réserve, à ce sujet, pour une publication ultérieure.

II

A TRAVERS L'ANTI-ATLAS
ET LES DÉSERTS DU DRÂ

Un voyage au désert offre toujours de l'imprévu. Pourtant celui que j'ai effectué jusqu'au Sahara marocain, l'été dernier, s'est passé sans incident.

Il y a une dizaine d'années seulement, une randonnée de Marrakech ou de Mogador jusqu'à l'oued Drâ était pleine de dangers ; elle ne pouvait être tentée qu'à la faveur d'un déguisement. Il faut donc croire qu'il y a quelque chose de changé dans la mentalité des musulmans de ces pays perdus au delà des grandes montagnes du Nord-Ouest africain, puisque j'en reviens, non seulement satisfait de tout ce que j'ai vu le long des pistes que nul chrétien n'avait encore parcourues, mais en outre touché de l'accueil que j'ai reçu de tous côtés. J'ajouterai même que, parmi mes hôtes d'un moment rencontrés au hasard du chemin, il en est qui n'avaient jamais vu un *roumi*.

Mon voyage au djebel Siroua, au printemps dernier, ne m'a pas permis d'aller aussi loin que je le désirais. Je comptais bien à cette époque, sur des promesses qui m'avaient été faites par de grands chefs indigènes, traverser toute la grande tribu des Sektana qui s'étend depuis l'assif Zagmouzen, affluent de l'oued Sous, jusqu'aux crêtes de l'Anti-Atlas ; mais j'ai été arrêté à Taliouïn, au bord septentrional de cette tribu, sous le prétexte que l'autorité du cheikh ne s'étendait pas plus loin.

On peut être surpris de voir ainsi une grande partie du Sud-Ouest marocain restée en dehors de notre occupation effective, alors que l'ensemble du Protectorat marocain, sous l'impulsion féconde de l'illustre chef qui préside à ses destinées, a si rapidement évolué. Cela tient à ce que ces régions ne sont pas comprises dans ce que l'on a appelé le « Maroc utile », ce que nous pouvons désigner aussi bien sous le nom de « Maroc agricole ».

Le Résident général avait mieux à faire, pour préparer l'avenir économique du Maghreb, en consacrant la plus grande partie de ses effort aux régions fertiles de l'Ouest et du Nord du Maroc. Cependant, soucieux d'étendre partout et le plus rapidement possible la paix française, le Maréchal Lyautey a placé la région de montagnes et de plaines de l'Atlas marocain, du moins dans sa partie occidentale, sous le commandement de grands chefs indigènes, en maintenant toutefois ces derniers sous sa haute autorité.

Il avait pour cela à sa disposition les caïds berbères qui régnaient en seigneurs féodaux sur l'Atlas, en vertu de droits légués par une hérédité séculaire. Il fallait en faire au moins des amis ; le Maréchal Lyautey en a fait des collaborateurs.

Cette politique dite « des Grands Caïds » a été très précieuse pendant la guerre, mais il ne pouvait être question d'appliquer dans ces pays accidentés les méthodes d'exploitation qui ont fait leurs preuves dans les régions occupées.

Ainsi s'explique comment le Haut Atlas occidental n'est pas aussi bien connu que le reste du Maroc ; comment l'Anti-Atlas et les régions du Drâ nous sont encore, à l'exception de rares explorations déjà lointaines, à peu près inconnues.

Un retour vers le passé va nous permettre, tout en rendant un hommage ému à la mémoire de ceux qui ne sont plus, de nous rendre compte de l'effort accompli par les tentatives courageuses de mes devanciers.

*
* *

Historique. — Les premiers documents cartographiques intéressants sur le Sud-Marocain datent du dix-neuvième siècle. Ils sont dus à un consul britannique qui a fait, à ce titre, un séjour de dix-sept années à Agadir, à la fin du dix-huitième siècle, et parcouru la basse vallée du Sous. Mais James Jackson n'a pu aller bien loin vers le sud ; il a cependant longé l'oued Massa sur une partie de son étendue dans la région de Tiznit et, sans pouvoir l'atteindre, il s'est dirigé vers le Tazeroualt. Le beau volume qu'il a publié, dont la première édition a paru en 1809 (1), est accompagné d'une carte du Maroc à très petite échelle où l'Atlas est encore figuré, selon une croyance ancienne, en un cordon interrompu reliant le Tazeroualt et le cap R'ir au djebel Mouça (2ᵉ colonne d'Hercule) sur la rive méridionale du détroit de Gibraltar. L'Anti-Atlas y est désigné sous le nom de « South Atlas Mts ».

---

(1) Account of the Empire of Marocco, and the district of Suse... by James Jackson in-4° illustré, London 1809.

James Jackson s'est heurté à l'hostilité des indigènes chaque fois qu'il a tenté de se diriger vers le sud, tandis qu'il a, plus librement, pu parcourir le Maroc occidental. Et depuis cette époque, la région comprise entre l'oued Sous et l'oued Drâ a été rigoureusement fermée à l'Européen qui courait les plus graves dangers s'il ne parvenait à dissimuler sa qualité de chrétien sous un déguisement indigène.

L'explorateur se heurtait de ce côté à l'hostilité du berbère et, sur le Drâ, au fanatisme du maure. C'est à peine s'il pouvait arriver à voir rapidement la plaine du Sous sur les habitants de laquelle les sultans ont toujours exercé une certaine autorité.

Depuis Jackson, de courageux voyageurs n'ont cependant pas hésité à affronter tous les dangers dans le Sud-Marocain, pour nous rapporter quelques documents de ces pays inconnus.

La zone littorale était visitée par des naufragés de la côte occidentale du Sahara, par l'Anglais Riley (1815) (1), par le Français Cochelet (1819) (2), et par l'expédition du docteur Jannash (3). Puis, plus tard, l'Anglais Davidson 1836), partant du Sous, franchissait l'Anti-Atlas ; mais il était assassiné dès son arrivée dans les régions désertiques du Drâ (4).

En 1850, Panet, mulâtre originaire du Sénégal, partait de son pays natal et, à travers la Mauritanie, abordait la zone littorale de l'Anti-Atlas qu'il traversait de part en part dans la région de l'oued Noun (5). Un indigène noir de

---

(1) Naufrage du brigantin américain « le Commerce », perdu sur les côtes occidentales d'Afrique en août 1815, trad. de l'Anglais par Peltier, Paris 1918.
(2) Naufrage du bric français « La Sophie », Paris 1821.
(3) Die Deutsche Handelsexpedition, Berlin 1886.
(4) *Bul. Soc. Géogr.*, t. VII, p. 109, Paris 1837.
(5) *Rev. Coloniale*, p. 379 et 473, Paris 1850.

Saint-Louis, Bou el Mogdad, chargé d'une mission par le général Faidherbe, gouverneur du Sénégal, renouvelait par un autre chemin le voyage de Panet, arrivait par Tiznit et Massa jusqu'à Mogador (1). Un autre indigène, le rabbin Mardochée Abi Ser'our (2), originaire du Drâ, effectuait un voyage de reconnaissance entre Mogador et le djebel Tabayout, par le Tazeroualt (1875). Il devait jouer, un peu plus tard, un rôle plus important en apportant le concours de ses relations indigènes et de sa connaissance du pays à un grand explorateur français.

De 1862 à 1864, le voyageur allemand Gerhard Rohlfs effectuait deux traversées des régions désertiques du Sahara septentrional. Il remontait notamment la vallée de l'oued Sous pour recouper l'Anti-Atlas oriental jusqu'à Tamgrout, sur l'oued Drâ (3).

Un autre explorateur allemand, Oskar Lenz (1879), parvenait, au prix de nombreuses difficultés, à relier le Maroc à Tombouctou et au Sénégal, par Tindouf et Taoudeni. Il traversait l'Anti-Atlas occidental, en partant de Taroudant, par le Tazeroualt et le défilé de Foum el Hassan, pour passer à gué l'oued Drâ à Oum el Achar (4).

On ne saurait trop admirer les tentatives courageuses d'un Français, Camille Douls, qui, en 1887, effectuait un raid dans le Sahara occidental et l'Anti-Atlas. Il s'était fait déposer, déguisé en musulman, en un point de la côte du

---

(1) Voyage par terre entre le Sénégal et le Maroc (*Rev. Marit. et Col.*, t. I, p. 477, Paris 1861.

(2) De Mogador au Djebel Tabayoudt par le Rabbin Mardochée Abi Ser'our. Journal de voyage par H. Duveyrier (*Bul. Soc. Géogr.*, t. X, p. 561, Paris 1875).

(3) Reise durch Marokko... Bremen, 1869, etc.

(4) Tombouctou. Voyage au Maroc, au Sahara et au Soudan. Traduit par Pierre Lehautcourt, Paris Hachette 1886.

Rio de Oro, au cap Garnet, au sud du cap Bojador, par des pêcheurs canariens. Immédiatement prisonnier des Ouled Delim, tribu d'écumeurs du Sahara occidental, dépouillé, maltraité, il put enfin captiver la confiance de ses oppresseurs qui virent en lui, grâce à ses connaissances de la langue et des mœurs arabes, un véritable musulman. Il participa à leurs voyages et put ainsi pénétrer à deux reprises jusqu'à 500 kilomètres de la côte, à l'est du cap Garnet, puis, jusqu'à Tindouf, à l'est du cap Juby. Enfin il put, par la zone littorale de l'Anti-Atlas, atteindre Agadir, puis Marrakech.

Camille Douls a rapporté de sa courageuse entreprise une belle moisson de documents, recueillis et conservés au prix des pires difficultés et du risque de trahir, à chaque instant, sa véritable origine. On lui doit les rares données géophysiques et géologiques que nous possédons actuellement encore sur l'Anti-Atlas occidental (2).

Camille Douls avait, au plus haut degré, les qualités de courage, d'endurance et de ténacité qui faisaient de lui l'explorateur d'avenir. En France, il se préparait avec méthode à mieux éclairer sa route, par des études scientifiques préalables. Un deuxième voyage (1889) laissait entrevoir les plus féconds résultats, lorsqu'il fut assassiné près d'Aqabli, dans le Tidikelt, victime de son dévouement à la Science.

Un grand nom a précédé dans l'histoire de l'exploration au Maroc, celui de Camille Douls. Le vicomte Charles de Foucauld, devenu plus tard le Père de Foucauld, a effectué, en 1883-84, le voyage le plus remarquable de tous ceux publiés avant

______

(2) Voyage d'exploration à travers le Sahara occidental et le Sud marocain (*Bul. Soc. Géogr.*, Paris 1888 (7ᵉ), t. IX, p. 437).

lui par la longueur de son itinéraire et par une riche documentation sur des choses vues et de longues enquêtes dans les mellahs marocains.

La valeur du beau volume *Reconnaissance au Maroc*, paru en 1889, résulte en effet, pour une bonne part, de l'heureuse inspiration qui a poussé son auteur à voyager sous le costume de rabbin. S'il est difficile et même très dangereux, en effet, de questionner sur son chemin quand on veut passer pour un musulman, il est très facile au contraire de se documenter dans les mellahs à la condition, toutefois, d'y être introduit par un coreligionnaire. De plus, Charles de Foucauld s'était assuré la collaboration du rabbin Mardochée Abi Ser'our, qui a été pour lui un informateur des plus précieux. On peut s'en rendre compte à la lecture de l'ouvrage de l'illustre explorateur qui est plus particulièrement nourri de renseignements sur la région du Drâ, pays d'origine du rabbin Mardochée, où ce dernier avait encore de nombreux parents qui ont accueilli son compagnon de voyage.

J'ai pu me rendre compte une fois de plus, après le voyage que je viens d'effectuer, de l'importance de l'œuvre de mon illustre devancier. Les descriptions fidèles qu'il a données, au point de vue humain, des régions du Drâ que je viens de parcourir, quarante ans après lui, restent parmi les plus belles pages de son œuvre.

Il est seulement regrettable que Charles de Foucauld n'ait pas bénéficié des conceptions modernes de la géographie physique, introduites dans l'enseignement après sa génération. Il eût apporté de son superbe voyage une idée plus nette sur l'allure et les relations mutuelles des chaînes qu'il avait traversées. J'ai déjà eu l'occasion de faire ressortir ce qu'avait de défectueux sa conception des chaînes de l'Atlas. Il m'a paru regrettable, en outre, que sa nomenclature des différentes unités orographiques du Maroc ait été employée par de grands services comme le Service Géographique de l'Armée ; enfin, je reviendrai dans les pages qui vont suivre sur l'importance beaucoup trop grande qu'il a donnée au djebel Bani que j'ai toujours considéré comme une chaîne secondaire.

Mais ces critiques sont légères si l'on examine l'ensemble de l'œuvre qui est beaucoup plus sociologique, ethnographique et politique que physique. Et l'on demeure émerveillé, en lisant dans ce grand livre qui a rendu tant de services à notre occupation, la multitude des informations soignées, précises, que l'illustre explorateur a rapportées de toutes les parties du Maroc qu'il a visitées.

Enfin, il m'est agréable, pour clore ce bref exposé historique, de rappeler que le marquis de Segonzac a, lui aussi, effleuré la région qui fait l'objet de ce récit. Malheureusement, il s'y est trouvé dans des conditions déplorables, puisque c'est à Anzour, dans l'Anti-Atlas, qu'il a subi, en 1905, une captivité de plusieurs semaines.

Nous nous étions séparés au mois de novembre 1904, à Mogador, et, tandis que j'avais assumé la tâche d'explorer le Haut Atlas et le Sous, ainsi que la naissance de l'Anti-Atlas (djebel Siroua), le marquis de Segonzac n'hésitait pas à s'aventurer avec une importante caravane vers le Moyen Atlas et les plaines du Drâ. Il avait déjà accompli la plus grande partie de son programme lorsqu'il fut attaqué dans l'Anti-Atlas, non loin d'Ilir' par le cheikh Ben Tabia, et emmené comme prisonnier à Anzour. Il ne dut son salut qu'à son calme courage qui finit par désarmer ses geôliers. On sait quel monument il a rapporté de cette exploration quelque peu mouvementée (1).

*
* *

But de la mission. — Je me suis proposé, l'été
dernier, de recouper de part en part la chaîne de
l'Anti-Atlas ; de parcourir ensuite les régions désertiques du Drâ ; enfin de faire, sur le chemin
du retour vers Marrakech, l'ascension du Siroua
qui m'avait été interdite par l'abondance des
neiges au mois d'avril précédent.

Mais tandis qu'à mon dernier voyage j'avais
traversé le Haut Atlas, pour atteindre le Siroua
par la région des sources de l'oued Drâ et de
l'oued Sous — seul ou du moins accompagné
seulement de quelques indigènes —, j'ai pensé, cette fois, qu'il serait très utile de partir avec un
de ces officiers du Service des Renseignements
qui, par leur connaissance de l'indigène, ont joué
dans la pacification du Maroc un rôle de premier ordre. Il m'a semblé que la présence d'un
homme aussi averti permettrait de rapporter un
supplément de documentation qui pourrait être
utile à l'expansion de la paix française dans ces
régions désolées.

Le Général Daugan, commandant la division
de Marrakech, qui veut bien s'intéresser à mes
recherches, s'est empressé de répoudre à mon désir en désignant le capitaine Denis, chef du bureau annexe de Taroudant, qui reçut la mission
de m'accompagner jusqu'à l'oued Drâ ; mais, pour
des raisons de politique indigène, ce distingué officier avait l'ordre de revenir ensuite sur ses pas,
vers Taroudant, tandis que je continuerais ma

---

(1) Au cœur de l'Atlas. Mission au Maroc 1904-1905. Paris.
E. Larose Ed., 1910.

route vers Marrakech à travers le Siroua et le Haut Atlas (1).

Pour mieux faire encore, le Général Daugan a eu la bonne pensée d'adjoindre à la mission le docteur Nain, Médecin-major, Chef du groupe sanitaire mobile du Sous. Il me paraît inutile de redire dans ce *Bulletin* l'importance que j'attache à l'action médicale au Maroc ; la présence du docteur Nain qui, comme le Capitaine Denis, possède de solides connaissances sur la langue et les mœurs du pays, était des plus utiles à la mission. Mes compagnons de voyage auraient suffisamment à faire, chacun dans sa compétence spéciale (2).

En ce qui me concerne, il m'a semblé que tout était à faire dans ces régions méridionales du Maroc. En parcourant les mémoires de tous mes devanciers, on peut se rendre compte, en effet, que, seuls, les documents du vicomte de Foucauld — qui avait franchi l'Anti-Atlas par trois cols et séjourné à deux reprises dans les oasis du Drâ — avaient jeté quelque lumière sur la géographie physique de ces contrées. Le grand chapitre de *Reconnaissance au Maroc*, intitulé *Séjour au Sahara*, est le plus passionnant de tout l'ouvrage : il a jeté, à son époque, une singulière clarté sur ces régions désertiques qui étaient, pour ainsi dire, totalement inconnues avant le voyage de l'illustre explorateur français. Mais depuis, l'étude du reste du Maroc a fait un grand pas, si bien que le Sud marocain est *relativement* aussi peu connu aujourd'hui, qu'il l'était il y a un demi-siècle.

---

(1) Voir dans les *Renseignements Coloniaux* du présent fascicule, p. 109 : *Dans l'Atlas et les oasis du Bani*, par le Capitaine Denis. — Le rapport du Docteur Nain sera publié dans le prochain fascicule.

(2) Capitaine DENIS. *Rens. Col.*, 1924, p. 109.

Qu'est-ce que l'Anti-Atlas, cette chaîne basse signalée d'abord par Gerhard Rohlfs, vue ensuite de l'un des sommets du Haut Atlas par Hooker (1871), qui lui a donné le nom qu'elle devrait conserver?

Faut-il admettre l'hypothèse que j'ai émise sur sa structure? J'ai supposé l'existence d'un axe ancien, détaché du Haut Atlas dans la région des sources de l'oued Sous et de l'oued Drâ, et dont les deux versants seraient flanqués d'une couverture de terrains crétacés.

Et le djebel Bani, auquel Charles de Foucauld a donné une assez grande importance orographique? Ne serait-il pas, en réalité, une simple ride dans un régime tabulaire des plaines du Drâ, par suite d'une extension, vers la basse vallée de ce fleuve, des couches crétacées horizontales que j'ai observées au sud du Haut Atlas, du côté du Dadès?

J'ai dû, dans mes travaux antérieurs, me borner à faire ainsi des hypothèses sur la structure et la genèse de ces parties méridionales de l'Atlas marocain et nous allons voir qu'elles doivent être en partie abandonnées. Je le ferai d'autant plus volontiers que je crois rapporter de mon voyage à travers l'Anti-Atlas une idée définitive de sa structure et que j'ai toujours séparé l'hypothèse des faits.

Au risque de répéter pour la première partie de mon itinéraire (entre Taroudant et les oasis du Drâ) les rapports de tournée de mes distingués compagnons de voyage, je vais suivre la marche de notre caravane pour permettre au lecteur de partager, au jour le jour, mes impressions parfois très vives dans ces contrées sur lesquelles planait le mystère, sinon l'obscurité. L'itinéraire que j'ai levé accompagne ce mémoire; il en facilitera la lecture.

*
* *

Nous devions partir de Taroudant où se faisaient les préparatifs laborieux qui précèdent toujours un voyage en caravane. J'appris par le Capitaine Denis qu'il avait l'ordre de rester avec moi jusqu'aux oasis du Drâ placées sous l'autorité du Caïd Mohammed bou Naïlat, des Ida ou Blal; mais qu'il avait l'interdiction formelle de rentrer à Taroudant par le territoire de commandement des Glaoua. Je devais donc revenir seul, avec mon fidèle compagnon Moulaï Ibrahim, de Tissint à Marrakech par le Siroua. Et le pacha de Marrakech, El Hadj Tahmi Glaouï, devait envoyer à ma rencontre un de ses hommes de confiance pour me protéger sur le chemin du retour.

Par mesure de prudence, le Capitaine Denis avait dû envoyer un exprès au Caïd Bou Naïlat pour lui demander s'il ne voyait pas, au regard des populations du Drâ, quelque inconvénient à notre visite.

Il me paraît utile de faire remarquer, à ce sujet, que, pour la première fois, des roumis allaient au grand jour circuler dans des régions que nul chrétien n'avait encore pénétrées; car les incursions des rares explorateurs dont il a été question plus haut ont été, sur le moment, ignorées de la masse; elles n'ont été connues que lorsque la rumeur en eut apporté l'écho de quelque ville du littoral. S'il en avait été autrement, nul ne serait revenu.

On peut dire cependant que tout le pays a connu le passage d'un étranger, surtout lorsque cet étranger était un *infidèle*, parce que tout se sait rapidement dans ces régions dépourvues de toute communication postale, mais l'indigène se désintéressait vite du roumi qui, après avoir souillé son sol, avait échappé à son atteinte.

Cette fois, notre sécurité était complètement assurée : le Caïd Bou Naïlat nous demandait instamment de venir le voir et, pour nous donner une preuve de sa sincérité, il envoyait au-devant de nous jusqu'aux abords de Taroudant, à Tîout, son fils Lahoussine, avec l'ordre de ne pas nous quitter jusqu'à Aner'erif, chez les Tatta, où le Caïd a sa demeure préférée.

*
* *

Excursion avant le départ. — J'ai profité de la longue attente qui a précédé notre départ pour parcourir d'autres régions. J'ai d'abord effectué, en automobile, le trajet de Mogador à Agadir par la piste aménagée qui deviendra bientôt une excellente route.

La rade d'Agadir que j'avais entrevue en 1904, puis en 1909, m'est apparue plus belle encore qu'à cette époque lointaine, avec la douceur de son climat canarien. J'ai pu me faire une idée par moi-même de la richesse en poissons de cet abri de la côte atlantique, qui se trouve sur le prolongement du célèbre « banc d'Arguin ».

Je n'ai pas manqué aussi de gravir, pour la deuxième fois, la pente jadis si dure et maintenant adoucie par une excellente route en lacets, du bordj d'Agadir. Et ce n'est pas sans une pointe d'émotion que j'ai visité cet enclos de hautes murailles, perché sur un rocher qui s'élève à 235 m. d'altitude, dernier témoin sur le continent de la chaîne du Haut Atlas qui, brusquement inclinée vers la mer à partir des hauteurs de Bibaoun, vient s'ennoyer, ici comme au cap R'ir, sous les eaux de l'Océan.

J'ai revu le bordj tel que je l'avais entrevu quinze années auparavant, avec ses maisons indigènes serrées les unes contre les autres en petits massifs séparés par d'étroites ruelles ; avec sa mosquée ; avec la koubba qui protège les restes d'un saint vénéré, et la kasba des seigneurs qui, de génération en génération, avaient dominé sur une population opprimée sous le prétexte d'assurer sa sécurité, dans ce Ksar avant-coureur de ce que nous nous apprêtions à visiter, là-bas, aux confins du désert.

J'ai voulu aussi revoir la chambre où, chez le seigneur régnant en 1909, El Hadj Hassan, je passai une nuit. Je me remémorai alors l'accueil, ironique et froid, du maître de céans, qui fit trembler mes trois compagnons indigènes parmi lesquels Moulaï Ibrahim, qui pourtant m'avait maintes fois donné des preuves de son calme et de son courage. Puis, la scène du lendemain : le refus du Caïd de me laisser aller, à trois heures de là, jusqu'à l'embouchure de l'oued Sous, alors qu'il m'avait conté tout au long les prouesses des agents des frères Mannesmann qui, sous le couvert de recherches minières, préparaient au gouvernement allemand le prétexte d'intervenir brutalement, un jour, dans notre politique marocaine.

Je ne puis m'attarder à décrire ce petit incident qui mériterait pourtant de l'être, car les conditions où j'étais placé lui donnaient un certain air de gravité : j'étais en mission officielle du Gouvernement français et, chose plus importante encore, nanti d'un *firman* du Sultan Moulaï Hafid.

J'avais dû quitter brusquement mon hôte en le mettant au défi d'attenter à ma personne et à la sécurité de mon escorte, et l'accueil chaleureux des tribus environnantes m'avait montré ce que pensaient les Marocains, du tyran d'Agadir.

Il faut croire, qu'à cette époque, la situation internationale était tendue, si j'en juge d'après l'attitude énergique du consul Kouri de Mogador, que j'avais informé par rekkas (courrier à pied) de mon aventure et celle du Commandant Sénès, qui devait, pendant la grande guerre, héroïquement s'ensevelir avec son cuirassé, le *Gambetta*, coulé par un sous-marin autrichien dans le détroit d'Otrante. Le chef de la division navale du Maroc, appuyé par le consul de Mogador, sollicitait l'ordre d'aller bombarder la forteresse d'Agadir et le comte de Saint-Aulaire, alors chargé d'affaires à Tanger, soulignait avec fermeté, auprès du quai d'Orsay, l'opportunité de cette mesure de répression.

L'affaire n'eut pas d'autre suite, mais les événements ultérieurs ont montré que l'on aurait peut-être, par l'action, pu déjouer à ce moment l'intrigue que tramaient dans le Sud marocain des agents allemands avec la complicité d'un Sultan félon.

Deux ans après, en effet, le *Panther* venait dans la rade arborer les couleurs germaniques : c'était le *coup d'Agadir*.

Grâce à l'extrême obligeance du Commandant Latron, chef du Bureau des Renseignements d'Agadir, j'ai pu visiter les gorges de l'Assif Aït Moussi, cours d'eau qui débouche du Haut Atlas dans la plaine du Sous, à l'ouest du col des Bibaoun. J'avais dû quitter cette vallée, en 1904, pour franchir la chaîne et me diriger vers Taroudant par El Had Mneïzla. J'ai revu, de ce côté, le grand développement des grès et des argiles permiens dont le ton cramoisi ajoute au pittoresque de cette vallée encaissée.

Toujours en compagnie du Commandant Latron, j'ai atteint Taroudant, non par la piste directe, mais par un long détour. Nous sommes allés jusqu'à Tiznit, où nous avons reçu le plus cordial accueil de la part du Capitaine Malval, chef de l'annexe. De là, nous avons rayonné jusqu'à l'embouchure de l'oued Massa et jusqu'à Talaïnt, où nous avons été reçus par le Caïd El Ayad, des Ouled Djerar. Enfin, nous avons dédoublé la longue distance qui sépare Tiznit de Taroudant, par une étape chez le Caïd Moulaï Ahmed Lougani, des Aït Ilougane.

*
* *

Il me reste de cette rapide tournée entre Mogador et Taroudant, non seulement le souvenir de l'accueil charmant que j'ai reçu de la part de tous les bons Français qui travaillent, là-bas, à répandre les bienfaits de notre civilisation, mais aussi quelques impressions sur la nature physique de ces contrées.

Je n'ai rien à ajouter à ce que j'ai antérieurement publié sur le parcours de la piste de Mogador à Agadir: mes observations de ce côté ne font que confirmer celles que j'ai pu faire, plus posément autrefois, au pas lent de ma modeste caravane.

Le long trajet d'Agadir à Tiznit est assez monotone. A la sortie d'Agadir, la piste recoupe d'épaisses alluvions anciennes, avec lits de cailloux roulés. Il semble que l'oued Sous ait d'abord buté contre les contreforts de l'Atlas pour émigrer ensuite progressivement vers le sud. La dune côtière, en progression, forme une étroite bande le long du rivage, mais une dune fixée s'étend sur les alluvions quaternaires, de part et d'autre des berges du fleuve et jusqu'à une assez grande distance de la mer.

Un niveau d'eau important, que les indigènes

atteignent par des puits de 15 à 20 mètres de profondeur, se montre un peu partout. Il est assez probable que ce niveau aquifère se trouve au contact des alluvions quaternaires et à la base de la dune consolidée. Celle-ci montre un peu partout la croûte calcaire superficielle que j'ai observée fréquemment ailleurs, notamment dans les dunes anciennes des environs de Mogador. Le pays a partout un air de désolation, qui tient à la trop grande perméabilité du sol pour les précipitations atmosphériques de moins de 400 millimètres qui suffiraient à peine pour des sols argileux. Aussi la culture de l'orge à laquelle se livre l'indigène ne donne guère qu'une récolte sur trois années. Par contre, on peut voir de loin en loin des bouquets d'arbres, où domine l'olivier, et des champs de maïs et d'orge, former des taches de verdure dans cette région désolée. Invariablement, dans ces oasis, le sol est fécondé par l'eau d'irrigation que l'indigène extrait d'un certain nombre de puits. On pourrait amplifier cette méthode de culture partout où s'étend la nappe aquifère, par l'installation d'éoliennes dont je préconisais l'emploi, il y a longtemps, dans le pays des Chaouïa.

Tiznit est située dans la partie méridionale de cette grande plaine sablonneuse. Elle forme un centre assez important qui mériterait d'être développé, à cause de sa situation géographique, en créant de ce côté des « points d'eau ». Elle se trouve, en effet, sur le chemin des caravanes de la Mauritanie dont il convient de faciliter le passage. D'une manière plus générale, le Sous en entier est le point de mire des populations du Sahara occidental. Il pourrait servir de trait d'union, de « gîte d'étape » au sens le plus large du mot, entre les zones désertiques de l'Anti-Atlas, du Drâ et de la Mauritanie et les régions fertiles du

Nord du Haut Atlas. A ce point de vue, il se recommande à la sollicitude du Protectorat : nous verrons, à la fin de ces pages, que le Sous mérite, à un autre point de vue encore plus impérieux, d'attirer l'attention de ceux qui ont la charge de nos destinées dans le Nord-Ouest africain.

La plaine de Tiznit est entourée, du côté sud, par des chaînons de l'Anti-Atlas. Elle a été formée, par érosion, aux dépens des premiers contreforts de cette chaîne constitués par des terrains primaires. Ce sont des grès ou des quartzites, des schistes argileux, des calcaires ou des dolomies marmoréens. Une colline sépare la plaine de la mer à l'embouchure de l'oued Ouadoudou (Agla), chez les Aït Braïm. Elle est formée de calcaires cristallins d'un blanc très pur, alternant avec des lits d'argiles schisteuses, verdâtres, inclinés vers l'intérieur des terres. La côte est bordée de grès coquilliers, pliocènes ou quaternaires, et une dune fixée recouvre cette plage soulevée récente. A Talaïnt, une source très abondante, de près de 50 litres-secondes de débit, sourd dans le bordj du Caïd El Ayad qui s'attribue ainsi la jouissance de la plus belle richesse naturelle, dans ces régions de sécheresse. Aussi la Kasba est-elle entourée d'une végétation florissante d'oliviers et de petits champs de maïs et de céréales. Il m'a semblé que cette eau provenait des infiltrations dans les calcaires cristallins des Aït Braïm qui se poursuivent jusqu'ici et forment un relief assez important qui domine Talaïnt.

Je ne serais pas surpris, d'après la structure générale de la plaine de Tiznit, qu'il existe en profondeur quelque importante nappe aquifère qui pourrait un jour, si mes prévisions hypothétiques se confirmaient, jouer un rôle dans l'économie du pays. D'ailleurs, l'oued Massa qui tra-

verse la région est un petit fleuve côtier qui roule
encore, à l'étiage, des eaux très claires ; il prend
naissance assez loin dans l'Anti-Atlas, mais son
cours reste inexploré.

La piste que nous avons suivie, entre Tiznit
et le bordj du Caïd Lougani, franchit au sortir
de la plaine, les collines du djebel Tachilla aux
crêtes déchiquetées. Je me départirai un instant de ma réserve sur l'âge géologique des couches primaires que j'ai observées dans la région
de Tiznit en faveur des couches de grès quartziteux bruns, en bancs épais, qui alternent avec des
schistes de même couleur dans le djebel Tachilla. Cette file de collines offre une structure monoclinale très simple, qui témoigne d'une grande
puissance des terrains qui prennent part à sa
constitution. Bien que je n'y aie pas rencontré
le moindre débris d'organisme, je ne crois pas
trop m'aventurer en attribuant, tout au moins
provisoirement, ces couches au Dévonien. Nous
verrons plus loin que des dépôts remarquablement identiques par leurs facies, leur puissance
et leurs relations stratigraphiques, se retrouvent
au sud de l'Anti-Atlas. J'ai signalé aussi les mêmes terrains sur le versant sud du Haut Atlas,
au nord de Taroudant, après mon premier voyage au Maroc, en 1904-1905.

Enfin, il est intéressant de constater que les
couches puissantes de schistes et de grès bruns
du djebel Tachilla sont orientées, Nord 10° Est,
Sud 10° Ouest, direction qui est celle des plissements de la fin des temps primaires (chaîne hercynienne) dans le Haut Atlas occidental et les
chaînons des Djebilet.

J'ai pu entrevoir, à distance, la grande extension de ce terrain chez les Aït Ahmed qui habitent près de la zone axiale de l'Anti-Atlas. Le
djebel Addad Medin, notamment, avec sa crête

dentelée qui rappelle, en plus grand, celle du djebel Tachilla, est certainement formé, du moins en grande partie, par les schistes et les grès bruns que je place dans le Dévonien. Ils forment un vaste pli anticlinal dont le noyau est constitué par des quartzites plus anciens; peut-être aussi par des roches cristallines, granites ou gneiss (?).

Quoi qu'il en soit, à la suite de ces observations, un fait me paraît acquis, qui intéresse la structure générale et par suite l'orographie de ces reliefs de l'Anti-Atlas.

Cette chaîne est formée, dans sa partie la plus occidentale, du moins sur son versant nord, d'une série de rides qui ne sont pas orientées dans le sens de sa direction générale, mais à 45° de son axe. C'est cette structure qui imprime à la côte d'Aglou et des Aït Ba Amrane sa configuration presque rectiligne et sa direction N.-N.-E.-S.-S.-W. Certaines branches du réseau hydrographique qui sillonne, de ce côté, la chaîne du Sud marocain, semblent également avoir la même orientation : tel serait l'oued Tazeroualt, affluent de l'oued Massa, d'après des levés d'itinéraires assez anciens. Ailleurs, les cours d'eau recoupent transversalement, en *cluses*, les rides de la chaîne hercynienne. C'est après avoir franchi une de ces cluses que l'oued Adoudou se jette à la mer.

PREMIERE TRAVERSEE

DE L'ANTI-ATLAS

Enfin, le jour du départ est fixé. Nous irons en automobile jusqu'à Tïout où doit s'ébranler la caravane. Je dis caravane alors que conviendrait plutôt le mot de *mehalla*, car nous allons être escortés par un nombre imposant de cavaliers.

Les chefs du Sud ont rivalisé de zèle pour nous honorer : le pacha de Taroudant, El Hadj Houmad, nous a donné trente cavaliers armés, commandés par Omar, son fils aîné ; le cheikh Tîouti nous en a imposé vingt et dix fantassins, conduits par son frère Abdallah ; enfin le Caïd Bou Naïlat est aussi représenté par son fils Lahousine et quelques hommes. J'ai pour mon propre compte mon compagnon Moulaï Ibrahim et deux hommes de Taroudant, mon personnel. ne doit pas me quitter avant Marrakech.

A voir se mettre en route ces quelque cent hommes, avec 75 animaux (montures et bêtes de charge), on eût dit qu'une conquête du Sud se préparait. D'ailleurs, ç'en était peut-être une, puisque, pour la première fois, trois roumis, un officier français (captane), un médecin (toubib) et un ingénieur (mohendiz), allaient au grand jour se diriger vers des régions jusque-là jalousement fermées à l'infidèle.

Je puis assurer que le mohendiz — c'était moi — eût préféré partir, comme il l'a toujours fait, sans bruit, avec trois ou quatre hommes dont un représentant du chef des tribus qu'il devait traverser. C'est encore sous ce modique équipage que j'atteignais le djebel Siroua, au printemps dernier. Et je me suis toujours bien trouvé de ce mode simple de voyage ; mon travail, surtout, en a toujours largement profité.

Je m'empresse de reconnaître que le Capitaine Denis partageait entièrement ma manière de voir ; mais, en chef du Bureau militaire de Taroudant, il ne pouvait faire cette grande sortie sans une escorte suffisante et il avait dû se plier aux circonstances politiques du moment. D'ailleurs, notre escorte doit fondre à quelques étapes d'ici : nous serons beaucoup moins nombreux dans le Sud et, au retour vers Marrakech, je reprendrai mes habitudes d'antan quelque peu inspirées des coutumes du pays.

J'aurai beaucoup à faire en route, car le métier d'explorateur n'est pas une sinécure. Tout le secret du succès consiste, tout en veillant à sa propre sécurité, à être sur. pieds le plus grand nombre d'heures possible chaque jour, pour lever son itinéraire, observer à chaque minute de la journée et, le soir, mettre ses notes en ordre. Il est vrai que je ne suis pas seul, et que la question de sécurité n'est plus en jeu cette fois. De plus, je vais me désintéresser des gens et en particulier des malades.

Je vais me contenter de regarder et, si possible, de voir. Mais lorsque mes compagnons m'auront quitté, je reprendrai ma besogne tout entière, avec ses responsabilités ; alors j'ouvrirai le coffret aux médicaments que mon vieil ami le docteur Guichard, de Marrakech, a soigneusement garni et je reprendrai mes occupations de médecin sans diplôme.

*
* *

Notre première étape (10 septembre 1923) n'est pas longue : elle est cependant déjà instructive.

J'avais touché le bord septentrional de l'Anti-Atlas dans la vallée de l'assif Zagmouzen, au printemps dernier, et je trouve ici, à une centaine de kilomètres plus à l'ouest, les mêmes terrains, les mêmes plissements et les mêmes formes de modelé.

En quittant la kasba du Tiouti, nous avons remonté la branche gauche de l'oued Tiout, en longeant le thalweg, au fond d'une vallée assez pro-

fondément encaissée ; puis nous avons gravi, en
une file indienne interminable, un chemin en lacets qui nous a conduits au bord d'un plateau.
Nous foulons ici les mêmes bancs de calcaires ou
de dolomies, bleus ou gris, alternant avec des lits
de schistes verdâtres ou de couleur lie-de-vin que
j'ai vus au sud de la plaine de Taroudant et à
Zagmouzen. Ces couches sont fortement plissées
et inclinées, dans l'ensemble, vers le sud. Le
plateau laisse affleurer, par leur tranche, les couches nettement plissées tandis que sa surface est
entamée par une série de vallées peu profondes,
ce qui lui donne une topographie indécise.

Une première déduction se dégage de cette
courte étape : l'absence des terrains crétacés. Ces
terrains secondaires forment une bordure dans les
contreforts méridionaux du Haut Atlas occidental, ils se trouvent en buttes-témoins ménagées
par l'érosion dans les alluvions quaternaires du
Sous et le mamelon de Sidi Ben Rjo, situé entre
Taroudant et Tîout, est le plus proche de l'Anti-
Atlas. Mais ils sont absents de ce côté, comme
dans la région de Tiznit. Il faut donc admettre
que la plaine de déblaiement du Sous a été formée exclusivement aux dépens des terrains crétacés. Nous verrons un peu plus loin que les calcaires et dolomies de Tikiouïne, qui prennent part
à la structure du plateau, sont dévoniens.

La végétation arborescente spontanée offre ici
un certain intérêt parce que l'on sent qu'elle va
bientôt disparaître ; elle est essentiellement méridionale, formée d'arganiers et d'euphorbes cac-
toïdes (*Euphorbia resinifera*), association habi-
tuelle sous le climat du Sous.

Nous bivouaquons à Ir'il n Siber. Nous faisons
dresser nos lits de camp sur une aire à battre dal-
lée de grandes pierres et nous passons une excel-

lente nuit, par une température très douce (20 à 24°) et sous un ciel superbement étoilé.

Nous sommes dans un pays pauvre, où les cultures sont très rares à cause de la sécheresse ; de loin en loin, nous voyons de petits jardins avec quelques amandiers et figuiers. Le sol rocheux offre bien aux moutons et aux bêtes à cornes de maigres pâturages, mais l'eau manque le plus souvent. Les sources sont rares et les citernes (medfia) que nous rencontrons sur notre chemin sont le plus souvent vides. A Ir'il n Siber, les berbères doivent conduire, pour les faire abreuver, leurs troupeaux à trois kilomètres de leur village.

*
* *

Au matin se dresse devant nous, à quelques kilomètres, le profil découpé de quelque terrain ancien qui émerge du plateau calcaire.

Nous nous trouvons actuellement à 1.070 m. d'altitude, soit 577 m. au-dessus de Tîout. Nous nous élevons insensiblement au cours de notre marche matinale. Les calcaires plissés restent longtemps faiblement ravinés, puis une vallée assez profonde apparaît qui les sépare de la crête rocheuse que nous apercevions depuis la veille. A la faveur de cette coupure, on peut voir les bancs de calcaires et de dolomies bleus se relever et reposer en concordance sur des grès bruns, siliceux, assez durs qui débutent par un poudingue formé de gros galets de quartzites de couleur claire, blanche ou rose, cimentés par un grès siliceux. L'épaisseur de cette formation de poudingue et de grès est de plusieurs dizaines de mètres sur les crêtes de Tafraout. Sans nul doute le poudingue représente un conglomérat de base qui marque une transgression de la mer ancienne, puis ont été déposés les grès bruns, enfin les calcaires bleus et les schistes diversement colorés du flanc septentrional de l'Anti-Atlas. On a de ce côté de la chaîne une formation géologique continue que je considère comme dévonienne.

Avant d'arriver à Tafraout des coulées de laves porphyriques, à grand cristaux de feldspaths, se montrent intercalées dans les couches grèsouses de la base de la formation. De ce côté encore, on peut voir le conglomérat de base reposer, en discordance, sur des quartzites, blancs ou rosés, auxquels le poudingue a d'ailleurs emprunté ses éléments. Ces quartzites, visibles sur une épaisseur de plus de cent mètres, forment une série de plis anticlinaux et synclinaux à la faveur desquels on peut les voir reposer sur des schistes synclinaux gris ou verdâtres. Ils sont peut-être siluriens, tandis que les schistes sousjacents seraient cambriens ou précambriens.

Nous nous trouvons ici dans la zone axiale de l'Anti-Atlas qui est encore mieux marquée dans la dépression de Tafraout où l'on accède par le Tizi Oudad.

On peut voir à ce col que les quartzites rosés, primaires, sont transgressifs sur un . ensemble métamorphique de gneiss glanduleux, associés à des granites et traversés par des filons de diorites. Ces roches cristallines occupent le noyau d'un anticlinal assez large dont les flancs sont formés par des quartzites rosés recouverts par les poudingues et les grès dévoniens.

Les gneiss et les granites, fortement décomposés, avec arêtes très développées, affleurent au fond d'une large vallée longitudinale, habitée par les Aït Makhlouf (fraction des Ida ou Zeddout), plantée d'arbres fruitiers, surtout d'amandiers, et où se dressent plusieurs villages. Cette dépresion de Tafraout paraît assez riante à côté du plateau désolé que nous venons de quitter et qui devenait de plus en plus aride en avançant vers le sud. L'arganier et l'euphorbe cactoïde disparaissaient lorsque, au pied des crêtes ont apparu, au fond de la vallée de Tafraout, des vergers de figuiers, d'amandiers et de vigne.

Des villages plus ou moins perchés comme Tafraout, Ajdal, Aguerd et Taourirt indiquent que la région est susceptible de certaines cultures, grâce à une humidité suffisante du sous-sol.

Du col de Tizi Oudad (1.597 m.), la vue s'étend au sud sur la zone axiale de l'Anti-Atlas avec ses crêtes déchiquetées qui encadrent le noyau cristallin de Tafraout. Vers l'est, le djebel Fidoust, signalé par Ch. de Foucauld, apparaît comme un massif imposant. Les vallées longitudinales de cette zone culminante écoulent leurs eaux vers l'E.-N.-E., elles sont tributaires de l'oued Sous.

Nous faisons halte pour déjeuner à Aït Makhlouf (1.475 m.), dans une kasba fortifiée construite par le cheikh Tîouti.

Pour sortir de la dépression cristalline, il nous faut gravir, au delà de l'oued Tafraout, une arête où nous retrouvons les quartzites primaires qui forment ici le flanc du pli anticlinal opposé à celui de Tizi Oudad. Puis, ce sont à nouveau les poudingues et les grès bruns dévoniens qui affleurent d'abord sur une surface parfaitement nivelée pour se montrer ensuite fortement entamés par l'érosion. Notre itinéraire suit alors, dans ces roches très dures et de couleur sombre, presque dépourvues de végétation, un chemin accidenté qui nous mène dans une vallée que nous remontons insensiblement jusqu'à Igafaye.

Nous nous arrêtons un peu plus loin, à Ir'erm,

où nous allons passer la nuit. Nous sommes ici à 1.719 m. d'altitude et nous venons de franchir la ligne de partage des eaux de l'oued Sous et de l'oued Drâ.

Ir'erm se trouve sur un plateau aride formé de grès dévoniens qui affleurent sur de vastes étendues puisque je les poursuis depuis Tikirt où je les ai observés en 1905 et que je les ai retrouvés du côté de Tiznit. Ils font partie de la formation de conglomérats de grès et de schistes que j'ai désignés autrefois sous le nom de « grès de Tikirt ». J'avais alors présumé leur âge dévonien.

Il apparaît nettement que le plateau d'Ir'erm se trouve sur le prolongement de celui d'Ir'il n Siber et qu'il ne est séparé par les crêtes qui encadrent la dépression anticlinale de Tafraout. Je vois dans ce plateau une vaste *pénéplaine* primaire de laquelle aurait émergé la ride anticlinale de quartzites primaires très durs qui ont été, beaucoup plus tard, à la fin des temps tertiaires et au Quaternaire, creusés par l'érosion (vallée de Tafraout, etc...).

Nous tâcherons de voir la relation de cette pénéplaine avec celle du même âge qui forme le socle du volcan de Siroua.

*
* *

Nous sommes à Ir'erm chez les Ida ou Kensous, sur un plateau désolé dont l'aspect est encore attristé par la couleur sombre de ses roches. L'eau y est rare, la nappe phréatique peut être atteinte par des puits creusés dans le grès dévonien mais elle est peu abondante. Pourtant on y voit de petits villages : Igafaye, Ir'erm, Tasdrent, Tifenrioua, etc. Les gens ont un aspect misérable, on sent qu'ils souffrent la faim. C'est ainsi que le Dr Nain explique leur état de misère physiologique.

Nous avons maintenant devant nous une branche du réseau hydrographique de l'oued Drâ, l'oued Aqqa, que nous quitterons pour passer, par un col, dans le bassin du réseau de l'oued Tatta, autre affluent de gauche du fleuve saharien.

En quittant Ir'erm nous suivons un grand développement de poudingues et de grès bruns avec récurrences fréquentes des premiers dans les seconds. La puissance de cette formation détritique est d'au moins 200 m. Des bancs de laves avec grands cristaux de feldspaths et des lits de tufs volcaniques, de couleur violette, s'intercalent dans les grès bruns où ils forment des accumulations importantes : des mamelons hauts de plusieurs dizaines de mètres au-dessus de la surface du plateau, en sont entièrement formés.

Pendant une heure et demie de marche nous demeurons sur ces roches sombres ; puis nous nous engageons dans un défilé aux parois escarpées que nous suivons, jusque chez les Ida ou Nadif. Alors le paysage change complètement : les poudingues et les grès de base du Dévonien si singuliers par leur couleur brune tirant sur le noir, ont laissé place à des calcaires plus ou moins dolomitiques, avec lits de schistes diversement colorés, qui leur succèdent normalement, sans discordance, dans la série stratigraphique primaire. Nous nous trouvons au fond d'une vallée qui descend de l'ouest vers l'est où nous pouvons voir l'allure très plissée de ces calcaires qui contraste avec celle plus tranquille des grès et des poudingues sous-jacents. L'intensité de plissement est d'ailleurs variable suivant la puissance relative des bancs calcaires et des lits schisteux intercalés : c'est ainsi qu'au-dessus

d'un banc épais régulièrement plissé se montrent parfois de petits lits de la même roche
plissés à l'infini : il y a là de beaux exemples
de plissements dysharmoniques. Ces plissements
témoignent dans leur ensemble de poussées vers
le sud-est.

En raison de l'altitude élevée la végétation a
changé : le jujubier sauvage, la lavande, l'alfa
font partie de la flore clairsemée de ces calcaires par ailleurs complètement nus.

Nous nous élevons à nouveau sur le plateau
qui conserve ses caractères de vieille pénéplaine,
rajeunie par un réseau hydrographique récent. La
vue s'étend au loin devant nous et nous apercevons, à quinze ou vingt kilomètres, un massif
imposant élevé de quelques centaines de mètres
au-dessus du plateau : l'Imissi ou Aklimin.

Ce large panorama me permet, en m'appuyant sur les observations faites le long de notre itinéraire, de mieux comprendre la tectonique de la chaîne. Dans la zone axiale j'ai re-
levé, notamment dans les grès dévoniens, des
directions de plis voisines de la méridienne ; les
plissements y sont orientés nord un peu est, sud
un peu ouest. En se dirigeant vers le sud on
voit ces plis s'orienter de plus en plus parallèlement à l'axe de la chaîne. J'ai pensé que ce
phénomène tectonique pourrait trouver son explication dans la superposition de deux systèmes
de plis : les premiers, hercyniens, datant de la
fin de la période carbonifère ; les seconds résultant des mouvements orogéniques tertiaires qui
ont imprimé à la chaîne son orientation actuelle. Ainsi s'expliquerait encore l'allure des
plis que j'ai observés, au printemps dernier, entre Zagmouzen et la vallée du Sous.

.Nous demeurons quelque temps sur le plateau
qui a conservé ses ondulations et son aspect dé-

solé, et nous laissons derrière nous le réseau hydrographique de l'oued Aqqa pour nous rapprocher de celui de l'oued Tatta qui se découvre brusquement à la vue. Il nous apparaît formé de gorges profondes entaillées dans les calcaires et les grès bruns sous-jacents suivant la ligne de plus grande pente de l'Anti-Atlas : c'est la haute vallée de l'oued Tatta qui porte ici le nom d'assif n Ir'es.

Il nous faut, pour y accéder, mettre pied à terre, et descendre, par un chemin en lacets aménagé par le cheikh Tiouti, dans un ravin profond, affluent de droite. Brusquement le thalweg se découvre, tapissé d'une végétation luxuriante qui contraste avec l'aspect désolé des flancs de la montagne et du plateau que nous venons de traverser.

Après une étape qui nous a semblé un peu dure, beaucoup plus à cause de l'aridité du sol et des accidents de terrain que de la longueur du chemin, nous allons trouver un peu de repos sous les oliviers, les betoums (thérébinthe) et les palmiers qui protègent de leurs hautes frondaisons, contre l'ardeur excessive du soleil, des arbres fruitiers assez variés comme l'amandier, le grenadier, la vigne, des champs de maïs et d'orge. Le thalweg de l'assif n Ir'es, large de 2 à 300 mètres seulement, peut ainsi nourrir les habitants de quelques petits villages comme Ir'ir, Talat, Treb et Tânegoumt. Nous allons bivouaquer dans ce dernier. Je profite des quelques heures qui nous séparent du coucher du soleil pour parcourir cette oasis de verdure.

*
* *

Je suis surpris de voir l'arganier réapparaître alors que nous avions dépassé sa limite méridionale avant Tafraout. Ma première pensée est que quelques individus de cette essence forestière ont pu être plantés là par l'indigène : on sait, en effet, que cet arbre croît facilement par germination du noyau oléagineux de son fruit. Mais il s'agit de types vigoureux assez nombreux, répartis non seulement à Tânegoumt, mais encore en aval ainsi que nous aurons l'occasion de nous en rendre compte en poursuivant notre route. Il semble donc bien que l'arganier soit ici encore dans son aire d'extension, et ceci peut s'expliquer par les conditions d'habitat de cet arbre singulier.

L'arganier, que j'ai appelé *l'arbre du Sous*, tant il caractérise au point de vue géobotanique cette région sud-marocaine, est complètement indifférent à la nature du sol; je crois du moins l'avoir montré après mes premiers voyages (1). Qu'il s'agisse de terrains primaires, secondaires, tertiaires ou quaternaires, de sols calcaires, gréseux, schisteux ou volcaniques, meubles ou compacts, cette essence croît partout, indifféremment, et sa dissémination est uniquement liée au climat. A l'appui de cette assertion j'ai apporté bien des faits d'observations. C'est ainsi que dans l'aire d'extension de cet arbre, en avançant vers le sud, l'altitude compense en quelque sorte la latitude et qu'il pénètre beaucoup plus profondément à l'intérieur des terres dans le Sous que dans le Haouz de Marrakech. J'avais même pensé, en m'appuyant sur l'influence exclusive du facteur climatique à l'exclusion du facteur lithologique, que l'arganier devait s'étendre jusqu'à Aoulouz sinon au-delà à quelque 150 kilomètres de la côte : ma précédente mission au Siroua a large-

---

(1) Explorations au Maroc. Paris Masson Ed., 1906, p. 341, etc.

ment confirmé cette prévision. Partant de là, il semblerait que la présence de l'arganier dans la vallée de l'Assif n Ir'es puisse s'expliquer par des facteurs climatiques du même ordre.

L'aire d'extension de cette essence forestière atteint, sur le revers septentrional de l'Anti-Atlas, une altitude d'environ 1200 m., qui est à peu près celle de Tânegoumt (1240 m.). Il est vrai que nous sommes, ici, plus au sud et que la sécheresse augmente en se dirigeant vers le Drâ ; mais l'oasis de l'assif n Ir'es se trouve au fond d'une gorge, dans un véritable çanyon, et il n'est pas douteux que, dans ce couloir étroit où la végétation est très protégée contre les vents du désert, l'eau courante du thalweg entretient dans l'air qui baigne la végétation, un état hygrométrique bien supérieur à celui de l'atmosphère du plateau exposé aux vents du Sahara. D'ailleurs, un fait décisif vient à l'appui de cette manière de voir : la datte ne mûrit pas plus à Tânegoumt qu'à Tîout et Taroudant, dans la zone de l'arganier. De toute façon, les géobotanistes auront à consigner sur leurs cartes, comme un fait intéressant, la présence de l'arganier entre Tânegoumt et Tagmout, dans la haute vallée de l'oued Tatta.

Le « problème de l'eau » si important dans le Nord de l'Afrique et, à plus forte raison, dans ces régions de grande sécheresse, offre ici un intérêt à la fois théorique et pratique tout particulier. Les oasis de l'assif n Ir'es ne sont pas dues à la présence d'un cours d'eau pérenne, car le thalweg est presque constamment à sec. Les exceptions sont rares, car la rivière ne charrie seulement qu'au moment des orages ; or, il pleut très rarement dans la région où tout indique l'approche du grand désert. Mais des nappes souterraines existent dans des cuvettes synclinales profondes qui emmagasinent, au contact de quel-

que roche schisteuse imperméable, les petites
quantité d'eaux pluviales qui s'infiltrent facilement à travers les calcaires dolomitiques et les
roches arénacées perméables du Dévonien.

Ces réserves d'eaux qui peuvent être considé-
rables en certains points par suite de la structure
géologique du sous-sol, sont le plus souvent inu-
tilisées, mais des coupures profondes comme celles de la vallée de l'oued Tatta, peuvent les atteindre et donner naissance à des résurgences plus
ou moins abondantes : tel est le cas des sources
qui alimentent les oasis de l'assif n Ir'es. Rien
en amont, rien en aval, seulement des eaux de
sources qui permettent, sur toute l'étendue de
l'ilot de verdure d'irriguer, par de multiples séguias, les alluvions caillouteuses du fond de la
vallée. La quantité de ces eaux qui échappe à
l'évaporation et à l'absorption des plantes, va
ensuite se perdre en un drainage souterrain.

Ces résurgences sont d'ailleurs parfois invisi-
bles parce qu'elles émanent des nappes aquifères, non plus à l'air libre, mais sous les alluvions du thalweg ; alors l'indigène qui, ici comme ailleurs dans l'Afrique du Nord, est maître en
matière d'hydrologie et dans l'art de capter les
sources, va chercher l'eau par des tranchées, quel-
quefois par des tunnels (rettara, foggara) pour
irriguer les parties du thalweg situées en con-
trebas.

La région de Tânegoumt offre encore un autre intérêt, cette fois d'ordre purement géologique. La falaise de la rive gauche, qui s'élève de
plusieurs centaines de mètres au-dessus du fond
de la vallée, présente une coupe naturelle remarquable que j'ai croquisée. Cette coupe montre,
à la base, les conglomérats et les grès du Dévonien qui forment de grands plis largement on-
dulés ; au dessus, de multiples alternances de pe-

tits bancs de calcaire (ou de dolomie) et d'argiles schisteuses bariolées qui sont extrêmement plissées ; enfin, à la partie supérieure, sous le piton de Cheikh el Fouqui, les mêmes bancs calcaires qui ont pris une allure beaucoup moins tourmentée par suite de leur épaississement, et par conséquent de leur plus grande résistance aux efforts orogéniques. On a en ce point un bel exemple de plissements dysharmoniques dans les couches dévoniennes.

J'avais constaté des phénomènes du même genre dans les mêmes couches, dans la vallée de l'assif Zagmouzen, au printemps dernier, mais à Tânegoumt, l'observation est facilitée par la grande coupure, en falaise presque verticale, de l'assif n Ir'es, dans les dépôts du Dévonien.

Je ferai une autre remarque sur un phénomène qui augmentera d'importance dans les régions plus méridionales.

Nous avons déjà constaté que les grès dévoniens avaient toujours une couleur brune, parfois assez sombre, sur les lignes d'affleurement ; or, il est facile de se rendre compte que cette couleur n'est pas celle des éléments minéralogiques de la roche, qui est presque exclusivement formée de grains de quartz. La couleur brune résulte d'une très fine pellicule ocreuse partout répartie à la surface de la roche. Les calcaires plus ou moins magnésiens sont, par contre beaucoup moins colorés : ils prennent au contact de l'atmosphère, une teinte brune beaucoup plus claire alors qu'ils sont bleus ou gris dans les cassures fraîches. Cette différence de couleur superficielle permet de voir, sur le terrain, la séparation bien tranchée des grès et des couches calcaires superposées que l'on peut ainsi distinguer, parfois même de très loin, ce qui avec la rareté de la végétation, facilite leur délimination.

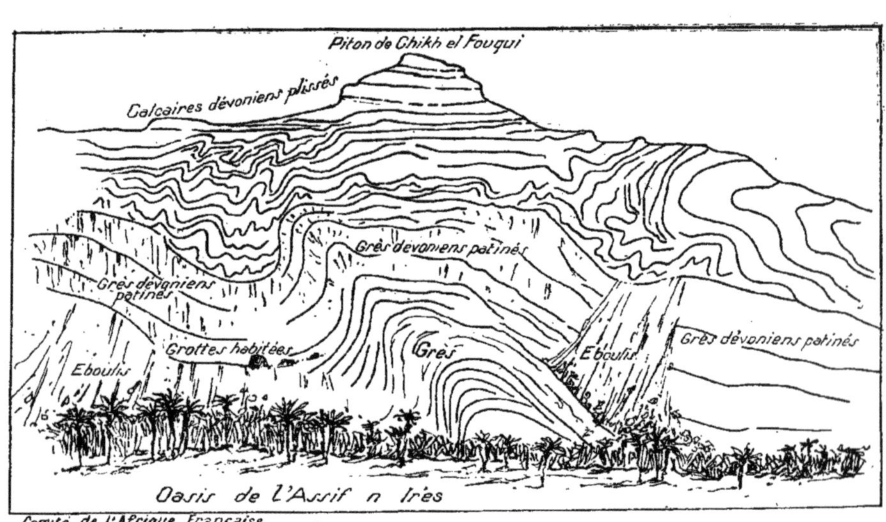

ALLURE PLISSÉE DES TERRAINS DÉVONIENS DANS LA VALLÉE DE L'ASSIF N IR'ES

(Croquis de l'auteur, pris de Tânegoumt.)

Moins de deux heures de chemin nous séparent de Tagmout où nous comptons passer la plus grande partie de la journée du 14 septembre. Nous descendons le thalweg, le plus souvent à sec, de l'assif n Ir'es. Nous demeurons, sur la plus grande partie de notre trajet, au fond d'une vallée très encaissée qui devient après le village de Talat, à la sortie des oasis que nous venons de quitter, une belle vallée en gorge. L'eau, réapparaît de temps en temps, notamment à Assa el Qebla (chez les Ida ou Nadif) formé d'une longue file de maisons de pierres, alignées le long de l'oued, parfois superposées en amphithéâtre, dans un fourré de verdure où se montrent encore l'arganier, l'olivier et l'amandier, dominés par les hautes frondaisons des palmiers. Les petits jardins de maïs ou d'orge et de rares légumes (courges, pastèques, piments, etc.) sont arrosés par une importante séguia, émanation d'une forte résurgence de même origine que celles de l'amont.

La vallée s'élargit ensuite à cause de la multiplicité des vallées sèches affluentes, tout en conservant cependant son caractère de vallée encaissée. Un moment déserte, elle devient habitée depuis le moment où nous cotoyons quelques petits villages comme Taguenza qui sont l'annonce d'une oasis remarquable par son extension et le nombre des agglomérations qu'elle fait vivre. Tagmout nous apparaît comme une vaste palmeraie au bord d'une immense plaine où débouche subitement au sortir de sa gorge (foum) le cours d'eau que nous descendons depuis Tânegoumt et qui prend à partir d'ici le nom d'oued Tatta qu'il conserve jusqu'à son grand collecteur, l'oued Drâ.

*
* *

La palmeraie forme bordure au débouché de l'oued dans la plaine ; elle remonte aussi un peu sur la bordure calcaire qui s'abaisse assez brusquement. Il me semble qu'il doit y avoir sous la plaine, une zone d'affaissement tectonique qui expliquerait la présence de cette surface alluvionnaire de plus de 15 kilomètres de diamètre, entourée de tous côtés par un relèvement des couches calcaires ou gréseuses du Dévonien.

Les villages sont assez nombreux : Ir'fer Ir'ir, Agadir Iken, Tiougrar où nous allons bivouaquer dans un beau jardin.

Nous sommes frappés, les officiers et moi, de l'accueil plus cordial, moins froid, de la population de Tagmout. Le Dr Nain surtout s'en aperçoit parce que sont nombreux ceux qui viennent solliciter les conseils et désirent essayer les remèdes (doua) du toubib !

Jusqu'ici la réserve a été assez grande, on eut dit, à Ir'il n Siber, à Tafraout, à Ir'erm, que nous étions l'objet d'une certaine défiance naturelle, si toutefois n'avait pas circulé un mot d'ordre. Mais déjà, à Tânegoumt, cette réserve s'est relachée ; ici, il semble que nous soyons en pays de connaissance.

Il est bon de remarquer que nous nous trouvons à la limite de la zone d'influence de Bou Naïlat, le caïd des Ida ou Blal qui nous attend plus loin et chacun sait ici que le lendemain nous serons ses hôtes puisque Omar, le fils du pacha de Taroudant et Abdallah, le frère du cheikh Tiouti, s'en retourneront chacun de leur côté avec leur opulente escorte, pour nous laisser seuls avec Lahoussine. Ce dernier aspire visiblement, depuis le premier jour, au moment où il sera enfin le chef, où il pourra protéger notre marche dans les domaines de ses aïeux. Et l'on sent que le moment approche, car ce grand diable de bédouin des confins du désert, qui conserve des Mauritaniens le vêtement de cotonnade bleue simplifié à l'extrême et ses velléités vagabondes, est maintenant loquace, après un mutisme voulu depuis le jour du départ. Il semble que le don de la parole lui soit interdit sous un autre ciel que celui du Sahara. Il convient cependant de lui accorder qu'il a vite fait de rattraper le temps perdu.

J'ai déjà rencontré, au cours de mes longs voyages en pays musulmans, des bavards ou même de beaux causeurs ; mais Lahoussine est disert, il parle une belle langue et avec esprit. Chacun de nous l'apprit d'ailleurs à ses dépens ; pour ma part je n'ai jamais été plaisanté, agréablement il est vrai, autant que par le fils du Daoublali pendant les deux semaines que j'ai passées avec lui.

La végétation a déjà changé. L'arganier a définitivement disparu ; son aire d'extension sur le revers méridional de l'Anti-Atlas, du moins le long de notre itinéraire, est réduit à l'ilot de l'assif n Ir'es, entre Tânegoumt et Assa el Qebla. On trouve encore des oliviers, voire même des figuiers dans l'oasis de Tagmout ; mais l'arbre de prédilection sous ce climat déjà saharien, est le palmier. Ici la datte commence à mûrir, elle constitue la base de l'alimentation de ces ksouriens qui cultivent cependant, dans de petits carrés de jardins, un peu d'orge. Cette céréale demande moins de quatre mois entre les semailles et la moisson. Après la récolte on plante du maïs, des poivrons, des courges, de la menthe indispensable au marocain pour parfumer le thé. La pomme de terre est inconnue.

Si l'eau est assez abondante à Tagmout, surtout au débouché de l'assif n Ir'es dans la plaine, par contre la terre arable est rare.

J'ai vu bien souvent dans les régions accidentées du Maroc les berbères aménager sur les pentes, avec des murs de soutènement, de petites parcelles de terre étagées, arrosées par les eaux de quelque source jaillissant sur le flanc de la montagne; mais je ne l'avais jamais vu disputer à un sol de pierres les moindres particules fines susceptibles d'être ensemencées. J'aurai eu, à Tagmout, cette nouvelle preuve d'attachement à sa terre du berbère marocain !

La plaine (Azarar n Tagmout) est couverte d'alluvions très caillouteuses qui témoignent d'une sédimentation très rapide par de fortes crues; cela tient à ce que, dans ces pays désertiques, les précipitations atmosphériques ne procèdent que par de violents orages. C'est dans ces alluvions, disons plutôt dans ces amas de pierres, que viennent s'épancher les eaux sorties du massif calcaire, si bienfaisantes sous la lumière éblouissante et chaude du soleil du désert. Sans doute, quelques petites surfaces d'alluvions un peu plus limoneuses ont permis aux premiers occupants de tirer du sol leur maigre nourriture. Peu à peu, ils ont étendu leur culture en enlevant les plus grosses pierres et aujourd'hui ils en arrivent à cribler les alluvions caillouteuses pour ne laisser que la masse infiniment moindre de terre fine qui accompagne toujours, dans une certaine proportion, les cailloux roulés et les graviers des dépôts fluviatiles.

C'est ainsi que, dans les clairières de la palmeraie de Tagmout, on peut voir de petits carrés de jardins de moins de dix mètres de côtés entourés de murs de deux ou trois mètres de hauteur sur autant de largeur, édifiés par le berbère qui a entassé autour de son petit jardin, toutes les pierres extraites une à une d'un sol jadis ingrat, maintenant devenu très fertile.

On est émerveillé devant l'effort gigantesque qu'a dû déployer l'indigène pour conquérir ainsi sur la plaine inculte les lopins de terre indispensables à sa subsistance.

Le soir, nous sommes conviés à une fête de nuit. On veut nous donner des marques de considérations et la présence des représentants de grands chefs berbères n'est peut-être pas étrangère à cet élan de sympathie. Je dois reconnaître toutefois que, seul, j'ai eu les mêmes égards dans des circonstances analogues, au printemps dernier, à Izougueïr, chef le cheikh Mansour de Zagmouzen.

Nous sommes conduits, à la tombée de la nuit, dans une clairière où sont réunies un grand nombre de femmes et de jeunes filles dans leurs plus beaux atours. Mais leurs parures sont misérables à côté de celles des femmes berbères de Zagmouzen. Pendant trois heures ce sont les mêmes refrains, les mêmes mélopées que j'ai déjà entendus ; tandis que les cavaliers de notre escorte se livrent à des feux de salves avec des cartouches à blanc qu'avait apportées à cette intention le capitaine Denis, ce qui ne nous empêche pas d'entendre, de temps en temps, siffler une balle que les plus fougueux ont introduite dans leur arme ; mais les accidents sont rares dans ces pays, du moins on n'en garde aucun souvenir car ils passent inaperçus.

Il nous est malheureusement impossible de prendre, à cause de l'heure tardive, des clichés de ces scènes étranges dans le cadre pittoresque de la palmeraie et la tiède atmosphère de ce beau soir d'été.

*
* *

A la pointe du jour, nous sommes sur pieds.
L'étape sera longue pour atteindre les oasis de
Tatta. Aussi malgré les congratulations d'usage
avant de nous séparer d'Omar et d'Abdallah,
sommes-nous en route à une heure matinale.

Notre escorte est maintenant réduite à de bonnes proportions. En comptant le personnel et les
mkhaznis du capitaine Denis et du Dr Nain,
mon personnel, les quatre cavaliers et les deux
fantassins du caïd Lahoussine, nous ne sommes
pas plus de vingt-cinq.

Nous sortons rapidement de l'oasis pour nous
diriger dans la plaine en direction nord-sud.
Nous allons descendre constamment de l'altitude de 1095 m. de Tagmout à moins de 700 dans
les oasis.

J'éprouve une impression pénible à la sortie
de la palmeraie lorsque nous nous engageons
dans cette grande plaine, l'Azarar n Tagmout,
au sol de cailloux ou de graviers et d'une aridité décevante. Il nous faudra plus de deux heures pour la traverser dans sa largeur. Elle est
parcourue par l'oued Tatta qui reste sur notre
droite et par d'autres thalwegs asséchés comme
celui de l'oued Tabarount descendu du nord-est.
De rares touffes de rtem et de jujubier sauvage
représentent à peu près toute la végétation de
cette vaste dépression dont la monotomie est interrompue par des mamelons de schistes vert-
brunâtres, avec grès bruns qui, d'abord inclinés
vers le sud, se relèvent plus loin, sur les calcaires bleus d'Imi nou Aqqa.

Cette coupure, par où va s'engager notre route,
est le point de convergence des oueds qui sillon-
nent la plaine et vont grossir l'oued Tatta. Elle

entaille la bordure méridionale de la dépression d'Azarar n Tagmout qui est formée des mêmes calcaires dévoniens que ceux de la sortie de l'assif n Ir'es à Tiougrar. D'autre part, les schistes et grès bruns qui affleurent dans la plaine sont supérieurs aux calcaires. De sorte qu'il faut considérer la vaste dépression d'Azarar n Tagmout comme une zone d'abaissement d'axes des plis du Dévonien. Cette circonstance a mis brusquement, à partir de Tiougrar sur le parcours de l'oued Tatta les argiles schisteuses supérieures qui ont été facilement déblayées par les eaux de l'oued et de ses affluents. Ainsi semble bien devoir s'expliquer, à mon sens, l'existence de cette grande dépression de Tagmout entourée de tous côtés par les calcaires dévoniens.

Nous pourrions suivre l'oued Tatta, sans sortir de son thalweg jusqu'à la plaine, mais notre guide préfère abandonner un moment ce cours d'eau, d'ailleurs à sec, pour nous faire recouper un petit col sur la droite et faire halte à El Aouïna, point d'eau avec bassin et kasba en ruines : point d'arrêt des caravanes autrefois rançonnées ou pillées par les coupeurs de route.

Nous reprenons notre route par un affluent de droite de l'oued Tatta, dans des gorges à parois verticales entaillées dans les calcaires dévoniens.

La végétation toujours raréfiée, composée de touffe de rtem, d'alfa, de lavande, de tamaris, se complète ici par l'apparition du gommier (*Acacia gummifera*) qui a déjà des dimensions appréciables et va prendre un plus grand développement dans le Sud.

Nous retrouvons l'oued Tatta qui se montre également resserré sur un certain parcours puis s'élargit, encadré de deux terrasses d'alluvions et de tufs calcaires élevés d'une quinzaine de mètres au dessus du thalweg.

Tout à coup la vallée s'ouvre en une plaine
de déblaiement formée, de même que l'Azarar
n Tagmout, dans les argiles schisteuses superposées aux calcaires dévoniens. Le fond de cette
dépression est formée de calcaires lacustres dans
lesquels l'oued Tatta s'enfonce de plus en plus
avec un thalweg étroit de 20 à 50 mètres.

Au sud, la plaine est barrée transversalement
par plusieurs crêtes dont une dominante : le djebel Bani.

LES OASIS DU DRA

Le caïd Lahoussine nous fait arrêter à Agadir
el Hana, la première oasis de Tatta ; du moins
avons-nous laissé sur notre gauche le petit ksar
de Tir'ent.

Bien qu'il ne soit pas venu jusqu'ici, nous
sentons que les mânes de Charles de Foucauld
planent sur la région, car l'illustre explorateur
indique dans l'un de ses itinéraires, la koubba
de Sidi el Hosseïn, patron du village dont un descendant, le moqqadem Si Omar, nous fait les
honneurs.

Sans doute, au point de vue humain, le pays
a bien changé : beaucoup de ksour sont déserts,
les juifs sont le plus souvent bannis de ces contrées ; mais à travers ces changements suffisamment récents pour être présents à la mémoire
d'hommes de moins de soixante ans d'âge, nous
pouvons nous rendre compte de la précision des
informations du vicomte de Foucauld et constater qu'il a su donner de l'état de ce pays, il
y a quarante années, une image fidèle.

Le premier soin de Lahoussine, en arrivant à
Agadir el Hana, est de nous faire servir, dans
une corbeille de sparterie, tout un choix de dat-

tes dont il se plaît à nous dire les noms, pour la plupart connus de nous d'après la relation du Père de Foucauld : les bou Sekri, bou feggous, djihel, mekkat, etc. ; ces dernières, énormes fruits rouges qui fondent dans la bouche com-

DANS L'OASIS D'AGADIR EL HANA
LA GRANDE SEGUIA

me s'ils étaient remplis d'une sorte de miel, ont l'inconvénient de fermenter en peu de jours et de n'être pas transportables.

La matinée du lendemain (15 septembre) est consacrée à la visite de la palmeraie et, l'après-midi, nous nous rendrons à Aner'erif où nous attend le caïd Bou Naïlat.

La palmeraie d'Agadir el Hana est assez bien cultivée, mais les palmiers sont parfois trop rapprochés, le sol est aménagé, mais les soins apportés à ce genre de culture par les indigènes, pour la plupart haratin (mulâtres), sont plus primitifs que ceux appliqués dans les belles oasis du Sud Tunisien comme Tozeur et Nefta. C'est ainsi qu'une maladie, le *Biod* (blanc), décime les palmiers ; on y apporte remède en y mettant le feu ; alors une nouvelle frondaison pousse et l'arbre peut, un certain temps encore, porter des fruits.

L'irrigation se fait avec des séguias profondes, provenant de rettatir (rettara), encaissées dans le thalweg de l'oued Tatta. Il en résulte que cette rivière, presque toujours à sec, a un trajet souterrain, au moins sur certaines parties de son parcours. Il est d'ailleurs probable que le cours d'eau, caché sous ses propres alluvions, est alimenté par des nappes aquifères dont les résurgences seraient sous le thalweg asséché en surface.

La distance qui sépare Agadir el Hana d'Aner' erif n'est pas grande : elle nous demande moins de trois heures, au pas de nos bêtes, pour être franchie.

Aner'erif se trouve au sud du djebel Bani qu'il nous faudra traverser par une cluse, le Kheneg Adiss de Ch. de Foucauld, encore appelé Foum Tatta (la « bouche » du pays), qui permet des relations faciles entre les Tatta du nord et ceux du sud. Du moins, c'est ce que nous savons d'après les cartes de notre illustre devancier. En réalité, il nous faudra recouper deux autres arêtes de moindre relief, mais qui n'en ont pas moins d'importance au point de vue théorique, avant d'atteindre le djebel Bani.

Jusqu'à la sortie de Foum Tatta nous allons demeurer dans les palmeraies. Nous traversons d'abord le lit desséché de l'oued Tatta, large d'environ 130 m., couvert de cailloux roulés. La rivière met à nu des bancs de grès ; puis le lit se resserre et l'on peut voir toute une série de

ADISS DANS LE KHENEG DE FOUM TATTA

sources, sourdre au pied des berges taillées à pic. L'oued s'est creusé un premier passage que suit notre piste un peu avant d'arriver à Tir'ermet à notre droite ; il nous faut traverser un deuxième kheneg un peu avant d'arriver à Tagoumirt (à notre gauche). Alors nous approchons de Foum Tatta qui ne se découvre entièrement qu'à la sortie de la palmeraie. Nous laissons sur notre droite, avant d'y pénétrer, le village de Qsabi et nous franchissons la cluse entre deux hautes pentes, au pied desquelles sont assis l'important ksar d'Adiss sur notre gauche et celui moins habité de Taïti, sur notre droite.

L'ouverture de la cluse ne paraît pas avoir plus de 800 mètres dans sa partie la plus reserrée entre Adiss et Taïti, et elle laisse passer trois cours d'eau : à l'est l'oued Adiss et l'oued Toug er Rih, qui vont bientôt confluer pour aller se jeter dans l'oued Drâ, et l'oued Tatta. En somme, le kheneg d'Adiss livre passage à toutes les eaux collectées dans une vaste dépression très irrégulière traversée par des collines grossièrement parallèles entre elles et sculptée dans les argiles schisteuses avec bancs de grès bruns dévoniens.

A la sortie de la cluse je suis surpris de voir devant moi, non pas la plaine, mais une série de collines aux arêtes grèseuses qui s'échelonnent au loin devant noûs : ce n'est pas ce que j'attendais de la plaine du Drâ.

Avant d'arriver à Toug er Rih nous traversons le lit deséché de l'oued Adiss (O. el Feïja pour notre guide) puis nous laissons sur notre droite le village de Toug er Rih, perché sur une butte-témoin rocheuse ; nous cheminons encore pendant une demi-heure sur un glacis formé de tufs calcaires grumeleux ou pulvérulents, avant d'arriver à Aner'erif.

*
* *

Le caïd bou Naïlat (Mahmed Ould Bou Naïlat) nous attend à la porte de sa kasba, entouré de ses sujets dont il ne se distingue guère à son aspect un peu misérable.

Il nous souhaite la bienvenue sur un ton de sincérité qui nous met immédiatement à l'aise. Il était venu à notre rencontre l'avant-veille, jusqu'à une demie étape d'ici, et il s'excuse de n'avoir pu nous attendre dans le bled à cause de la fatigue ; il n'est pas en très bonne santé.

« Vous êtes ici chez vous et vous pouvez de-

meurer autant que vous le désirez »... « Je suis
très heureux d'être enfin makhzen » (1). Ces
déclarations du caïd, aussi nettes que franches,
m'ont permis de lui exprimer sans tarder un désir,
bien que j'aie su, par avance, par son fils Lahoussine, qu'il lui serait impossible d'y accéder. Il
était très important pour mes recherches que je
pusse faire un raid jusqu'à l'oued Drâ.

La réponse ne se fait pas attendre, elle a été
aussi catégorique que les souhaits de bienvenue :
elle nous apprend, en substance, que dix mille
tentes de sahariens nomades sont plantées dans
les *mâder* qui forment la zone d'inondation des
crues de l'oued Drâ. Les Ida ou Blal peuvent
aller labourer puis moissonner leur part de terres
cultivables dans ces mâder, grâce à un accord ta-
cite entre leur chef le Daoublali (Bou Naïlat) et
les nomades ; mais en dehors de la saison des
cultures l'accord est caduc.

« Le moindre danger qu'il y aurait à courir
en allant jusqu'aux maders où les nomades font
pacager leurs chameaux, dit-il, serait une rupture
avec eux. Allez partout où vous voudrez au nord,
et mon fils vous accompagnera, mais n'appro-
chez pas l'oued Drâ ». Cette réponse est sans
réplique et Bou Naïlat est peut-être un peu surpris de ma demande. J'en suis désolé, mais il
n'y a pas lieu d'insister parce que je sens que
le caïd est sincère. Mon impression est partagée
par mes compagnons de voyage.

Je prends rapidement mon parti de ce contre-
temps qui me prive de la satisfaction d'accomplir jusqu'au bout mon programme de mission.

---

(1) Le caïd Bou Naïlat s'est rallié au sultan alors que les
Ida ou Blal dont il était le chef ont toujours été *siba*. Un
dahir a consacré sa soumission en lui attribuant le commandement des Oulal Jellal au nord du djebel Bani, des
Ida ou Blal au sud, et les oasis de Tatta et de Tissint.

A défaut d'une excursion jusqu'à l'oued Drâ.
situé à vingt-cinq kilomètres d'ici, j'aurai beaucoup à faire dans les régions accessibles, déjà si
nouvelles pour moi. Et puis, je me sens comme
retenu à ce sol par les souvenirs rapportés par le
Père de Foucauld. Il y a exactement quarante
ans que nous avons été devancés ici par l'illustre explorateur ; il a séjourné à Tintazart et à
Toug er Rih, villages perchés sur des rochers que
nous apercevons non loin de nous dans la plaine,
de la kasba d'Aner'erif.

Nous allons passer deux journées entières ici.
Nos bêtes et nos hommes ont besoin d'un moment d'arrêt et nous aurons, chacun de notre
côté, l'occasion de nous occuper. Pour ma part,
je pense qu'il serait intéressant de circuler un
peu aux environs et de faire l'ascension du djebel Bani d'où nous aurons une vue d'ensemble
sur le pays. Le plus simple est de monter jusqu'au col de Tizi n Tzguert, franchi par le vicomte de Foucauld, sur son itinéraire entre Tissint et Tatta.

Aner'erif est situé sur le flanc est d'une émer-
gence de grès bruns à la surface : la kasba du
caïd émerge d'un pâté de maisons et une importante palmeraie s'étale au pied méridional du
mamelon rocheux.

*
* *

Nous quittons notre hôte le matin pour nous
diriger vers le djebel Bani. En approchant du
pied de la montagne nous trouvons un sol de
pierres, débris de grès éboulés de la pente du
versant méridional du Bani. Ce sol qu'on appel-
lerait ailleurs un *reg*, est désigné ici sous le nom
d'*amerdou* ; il se distingue du reg, me dit Lahoussine, en ce qu'il se trouve au pied de la mon-

tagne. La marche est très pénible sur l'amerdou qui forme, en certains points, de véritables cônes de déjection au pied de quelque couloir torrentiel du versant du djebel Bani.

Nous nous élevons enfin sur la pente de la montagne, mais il nous faut mettre pied à terre pour continuer notre ascension, car elle est impraticable pour nos montures.

Cette ascension me permet de me rendre compte de la structure du djebel Bani. J'ai, en outre, la bonne fortune de trouver dans les grès qui en constituent l'arête rocheuse, des traces de fossiles que mes compagnons s'appliquent avec moi à dégager de la roche très dure. Ce sont des Brachiopodes qui permettront d'avoir l'âge de la formation.

Le Bani est constitué sur son flanc méridional, par des quartzites blancs ou rosés dans les cassures fraîches, bruns ou noirs à la surface. Ces grès sont en bancs épais d'un décimètre à plus d'un mètre ; ils alternent avec de petits lits schisteux avec grains de quartz et paillettes de mica blanc. Ces couches sont régulièrement inclinées vers le sud avec un pendage pouvant aller jusqu'à 50°, mais le plus souvent moindre. Sur le versant septentrional de la montagne on peut voir, au dessous des bancs de grès de la crête, des lits schisteux beaucoup plus épais, séparés par de petits bancs de grès. La direction générale de l'arête, du moins sur une assez grande étendue, est à peu près est-ouest. La crête est déchiquetée, en « lame de couteau » suivant l'expression de Ch. de Foucauld, partout où elle est formée de grès quartziteux.

Du col de Tizi n Tzguert la vue s'étend sur un vaste panorama. Au nord, le versant sud de l'Anti-Atlas profondément entaillé par l'érosion et la crête gréseuse de cette chaîne qui ferme

l'horizon ; plus près de nous, une large zone de
déblaiement dans les argiles schisteuses du Dévonien, qui laisse subsister une série d'arêtes
parallèles dont le Bani représente la plus puissante à cause du fort développement de ses grès.
Le déblaiement des argiles dévoniennes est plus

VUE PRISE DU TIZI N TZGUERT (DJEBEL BANI) VERS L'OUED DRÂ

particulièrement important au pied nord du Dj.
Bani où se montre l'importante plaine de la
Feïja. Au sud, la vue s'étend jusqu'au delà de
l'oued Drâ. Il ne peut être question de plaines
du Drâ s'étendant entre le Bani et le fleuve saharien parce que l'on voit, de ce côté, de même
qu'au nord, une série de collines plus ou moins
parallèles qui accidentent le terrain et sont en-
tourées de petites plaines de déblaiement toujours arides : seul le gommier peut se montrer sur
un sol offrant un peu d'humidité. Enfin la rive
gauche de l'oued Drâ m'est apparue comme une
haute falaise de terrains primaires profondément

entaillés par de petites vallées et couronnés par un entablement de terrains plus récents, secondaires ou tertiaires.

Nous essayerons de dégager plus loin de ces faits et de tous ceux que j'ai encore à observer, quelques conclusions d'ensemble sur l'orographie et l'hydrographie de ces contrées.

Nous éprouvons quelques regrets à quitter l'admirable point de vue du Tizi n Tzguert et nous rentrons à Aner'erif par le chemin qui conduit à Tintazart. Nous trouvons, au pied du djebel Bani, un assez important peuplement de gommiers.

Tintazart est construit sur une arête de grès dévonien de même que Aner'erif et Toug er Rih. Comme les autres villages du pays il est entouré d'un mur qui lui sert de fortification : c'est le ksar. Partout dans ces régions du Sud-marocain l'indigène se protège ainsi contre les attaques ennemies.

Il doit se défendre contre les incursions des nomades du Sahara et surtout contre les pillages des berbères descendus de l'Atlas. A ces dangers s'ajoutent ceux des luttes intestines qui ont accablé ces populations déjà si misérables sous un climat si dur et si ingrat.

Aussi la plupart des ksour sont-ils actuellement démolis ou désertés. Nous en trouverons plus d'un dans cet état sur notre chemin. Tintazart qui était un ksar florissant à l'époque où Ch. de Foucauld y faisait un séjour, est aujourd'hui en ruines. Il y avait 16 familles juives, il n'en reste plus qu'une. C'est d'ailleurs la seule famille israélite de toute la région des oasis du Bani que nous allons visiter.

*
* *

La journée du 17 septembre se passe à visiter la palmeraie et les environs d'Aner'erif. J'ai trou-

vé des traces de fossiles dévoniens dans les grès
bleus à patine brune du mamelon auquel le ksar
est accroché : mes aimables compagnons, m'aident encore à la recherche de ces précieux documents. La palmeraie est moins bien entretenue
que celle d'Agadir el Hana, elle est assez mal
plantée et bien des arbres donnent peu de fruits.
Dans cette région, on ne rencontre plus l'olivier
ni le figuier, le palmier croît seul, donnant d'excellents fruits qui constituent la presque totalité
de la nourriture de l'indigène. Les variétés ou
races de dattes sont nombreuses, on en compte
plus de 150 sous des noms différents. Il semble
qu'il y ait beaucoup à faire pour sélectionner le
palmier, améliorer les races car les ksouriens fécondent tous les palmiers-femelles avec le pollen
d'un même palmier-mâle.

Quelques légumes sont cultivés dans les oasis
ainsi qu'un peu de maïs et d'orge.

L'irrigation de la palmeraie d'Aner'erif se fait
par deux grosses séguias qui conduisent une eau
souterraine captée par des rettatir sous le thalweg d'un oued voisin. A ce point de vue, on
pourrait encore facilement augmenter le débit
des captages d'eau pour l'irrigation des palmeraies ; et il ne faut pas oublier que le rendement
en dattes est surtout fonction de la quantité d'eau
utilisée. Il serait même possible de trouver de
l'eau souterraine en bien des points qui sont actuellement d'une aridité absolue et créer ainsi
de nouvelles palmeraies, qui apporteraient un
peu de bien-être parmi ces populations pauvres.

Partout, en effet, c'est la même misère. La
nourriture presque exclusive, la datte, est trop
peu agrémentée de bouillie de maïs ou d'orge, à
défaut de pain ; quant à la viande elle constitue
un mets de grand luxe : la plupart des ksouriens
n'en mangent jamais.

La sécheresse est telle, dans les régions de l'Anti-Atlas méridional que nous avons traversées, que nous sommes restés plusieurs jours sans voir un oiseau. Nous avons seulement vu réapparaître, dans les oasis, un petit passereau qui est assez fréquent dans le Sous. Mais si les oiseaux sont absents, ou tout au moins très rares, par contre les mouches pullulent. Je n'ai jamais vu une telle abondance de ce désagréable insecte et pourtant j'ai vu bien des villages indigènes d'une saleté écœurante où la mouche vivait dans son habitat d'élection. Je n'ai jamais oublié la façon de se débarrasser des ordures ménagères dans les villes du Maroc. Fez, Marrakech, Mogador, avaient tout contre le mur d'enceinte, des tas d'ordures formant des monticules de près d'un hectare de base et parfois de 15 mètres de hauteur ; et ces dépôts d'immondices, à proximité de la ville, étaient bien faits pour entretenir et multiplier les mouches. Malgré cela, je le répète, je n'ai jamais vu autant de mouches que dans les oasis du Sud Marocain. Il suffit d'apporter un panier de dattes pour qu'immédiatement on soit couvert de ces insectes. En plein air, sous les palmiers, c'est encore pis. L'indigène attribue à la datte l'abondance des mouches dans les oasis ; il a vraisemblablement raison.

*
* *

Nous quittons Aner'erif le 18 septembre au matin. Nous prenons congé du caïd Bou Naïlat qui s'excuse de ne pouvoir nous accompagner à cause de son état de santé. Son fils Lahoussine, avec quelques cavaliers et une douzaine de fantassins, ne nous quittera pas dans l'étendue du commandement de son père.

Nous nous proposons de refaire, en sens inverse, l'itinéraire de Ch. de Foucauld jusqu'à Tissint.

Nous sortons par le kheneg Adiss et nous prenons la direction de l'Est. Nous avons sur notre droite le djebel Bani, sur notre gauche une colline gréseuse, allongée, qui lui est parallèle. Le ksar Aqqa Izenqal que Ch. de Foucauld a vu florissant, est maintenant en ruines. Nous recoupons par une petite cluse, la Kheneïga Khalbouï, la colline gréseuse, pour nous engager dans un nouveau couloir, assez large entre la première colline maintenant sur notre droite et une autre, parallèle, qui est sur notre gauche. Nous entrons dès à présent dans la Feïja, grande plaine que nous suivrons constamment jusqu'à Tissint et qui se poursuit, toujours de plus en plus large, jusqu'à Foum Zguid, sur une étendue de plus de 120 kilomètres. Des peuplements de gommiers se montrent, en bois clairsemés mais très étendus, l'arbre en fleurs est odoriférant ; nous faisons halte à deux reprises sous des gommiers de 4 à 5 mètres de hauteur. Je remarque que cette essence ne s'élève que très exceptionnellement sur les pentes des versants, elle se maintient dans la plaine, sans doute parce que ses racines trouvent une certaine humidité dans les dépôts quaternaires.

Autrefois, la gomme arabique était récoltée et vendue à Mogador au prix de cinq à six douros le demi-quintal, mais ce produit de l'acacia n'est plus exporté à cause des frais de transport qui sont aujourd'hui supérieurs au prix d'achat dans un port marocain.

Quelques rares plantes : des coloquintes, le rtem, l'alfa, accompagnent parfois le gommier.

Notre itinéraire demeure toujours dans cette fils de collines parallèles au djebel Bani, dont l'une plus importante que les autres, a été indiquée par Ch. de Foucauld sous le nom de colline de Kheouïa. Notre guide ignore ce nom et il appelle ce relief allongé le *Rich entâ el Feïja* (la plume ou l'axe de la Feïja) parce qu'il divise en deux la partie occidentale de la grande plaine d'El Feïja.

Nous passons la nuit à Aqqa Iguir'en, petit ksar construit au bord du thalweg de l'oued de

HALTE SOUS UN GOMMIER DANS LA FEIJA

même nom. Celui-ci recoupe le Rich entâ el Feïja, puis le djebel Bani, au Kheneg et Teurfa, et va se jeter dans l'oued Drâ.

Aqqa Iguir'en est un ksar misérable. On sent ici, peut-être mieux qu'ailleurs, planer la misère. La palmeraie, irriguée par des rettatir, n'a pas assez d'eau et pourtant l'eau est abondante en profondeur. Il y a du découragement parmi ces pauvres gens décimés par les fièvres paludéennes. Leur oasis périclite alors qu'elle devrait prendre une certaine importance, puisqu'elle se trouve sur le passage des caravanes, entre Tissint et Tatta. Peut-être faut-il rechercher la cause du déclin d'Aqqa Iguir'en dans la situation politique qui lui est faite ; il se trouve, en effet, à la limite du commandement des Glaoua et ainsi exposé au ressentiment des Ida ou Blal dont il n'aurait pas dû être séparé.

Je ne puis m'empêcher de penser que le vicomte de Foucauld était passé par ici, le 18 novembre 1883, allant à Tatta et que le 26 février 1905 le marquis de Segonzac était à Ilir' à quelque trente kilomètres au nord d'Aqqa Iguir'en : deux jours après il était assailli, arrêté près de la Zaouïa Sidi Mohammed ou Iâqoub, par le cheikh Ben Tabia avec une bande comprenant des Oulad Jellal, puis emmené en captivité à Anzour dans la plaine des Zenaga.

*
* *

Notre itinéraire se poursuit au matin vers l'est. L'orographie se complique, ici, par la soudure du djebel Bani avec le Rich entâ el Feïja. Tous deux offrent la même structure géologique formée d'une série de monticules régulièrement inclinés vers le sud, d'argiles schisteuses verdâtres, avec bancs de grès bleus, brunis sur les lignes d'affleurement. Il est intéressant de noter que, tandis que le Rich entâ el Feïja constitue, plus à l'ouest, une file de collines assez basses comparées au djebel Bani, il est ici aussi élevé que ce dernier.

Nous quittons la rivière d'Aqqa Iguir'en au moment où elle se dirige du nord vers le sud, vers le kheneg et Teurfa que nous laissons sur notre droite, nous nous engageons par le kheneg Tassateft dans la vallée de ce nom qui sépare le djebel Bani du Rich entâ el Feïja.

Cette colline se soude ici aux contreforts de l'Anti-Atlas. Nous devons la recouper au Tizi Anbed d'où nous avons une vue d'ensemble sur la partie de la Feïja au moment où cette plaine prend toute son ampleur. Elle atteint plus de 20 kilomètres de largeur et s'étend, devant nous, à perte de vue. Elle est limitée au sud par la haute barrière du djebel Bani, elle s'arrête au nord à la chaîne accidentée de l'Anti-Atlas. Cependant elle ne constitue pas une plaine d'inondation régulière. Des files de collines beaucoup plus basses que celles de la partie occidentale du Rich entâ el Feïja émergent çà et là, dans la grande plaine, en lignes grossièrement parallèles à l'arête du djebel Bani. Nous ne quittons pas la Feïja jusqu'à Tissint, et je la recouperai ensuite transversalement sur le chemin du retour. Le sol de la Feïja est, ici, tantôt caillouteux, tantôt limoneux ; le gommier y recouvre de grands espaces en peuplements toujours très clairsemés.

La plaine est à peu près nue, quelques petites agglomérations s'y montrent, presque toujours accrochées à une saillie rocheuse. Et de belles palmeraies marquent de grandes taches de verdure au bord de la plaine, notamment à Aqqa Ir'en situé à environ 25 kilomètres dans la direction nord-est au pied de l'Anti-Atlas. Deux autres oasis, également importantes, sont plantées au bas de la pente du versant de djebel Bani.

Nous avons franchi, au Tizi Anbed, la ligne de partage des eaux qui se déversent derrière nous dans le bassin de l'oued Kheneg et Teurfa, devant nous dans celui de l'oued Tissint. L'un des cours d'eau de ce réseau hydrographique, l'oued Aman Degdat, longe la plaine au pied du djebel Bani, alimente, avec ses eaux souterraines, les oasis de Qasba el Djouâ et de Trit. Il prend ensuite un cours subaérien à Idroumen, avant de confluer, à Foum Tissint, avec un réseau ramifié dans la Feïja.

Nous arrivons, au milieu de l'après-midi, à Qasba el Djouâ. Nous faisons halte dans la palmeraie qui domine le ksar, juché à une faible hauteur sur la pente du djebel Bani. L'oasis est en grande partie plantée sur le thalweg sabloneux très élargi de l'oued. L'eau est peu profonde, à 4 ou 5 mètres, de sorte que les palmiers n'ont pas besoin d'irrigation. On arrose seulement de petits carrés de légumes, des courges, des piments, des carottes et du maïs. Par temps de crues les palmiers profitent de l'eau de surface, mais les jardins sont plus ou moins dévastés. Néanmoins les chleuhs du Ksar el Djouâ ne pensent jamais à porter plus loin leurs travaux de culture. Du moment que les palmiers ne courent aucun risque ils ne se soucient guère, le fatalisme aidant, de leurs petits carrés de légumes qui leur fournissent, en somme, une nourriture complémentaire ; tandis que si la datte venait à manquer à la famine ne tarderait pas à frapper à leur porte.

J'assiste, avant la fin de la journée, à une consultation dans l'oasis, du Dr Nain, et à une petite opération, au moins originale, à l'ombre des palmiers. Le praticien extrait de la face interne de la cuisse une balle de plomb à un berbère qui la portait depuis plusieurs années. L'opération se fait rapidement sans hémorragie sensible, mais le peu de sang épanché suffit pour attirer tout un essaim de mouches ; en l'espace de quelques secondes, la plaie disparaît sous une épaisseur de ces vilains insectes. Une heure après, en me servant une tasse de thé parfumé à la men-

the, le patient me disait sur un ton de profonde
conviction, les louanges des médecins français.

*
* *

Nous quittons Qasba el Djouâ le matin, sans
trop nous presser, car l'étape ne sera pas longue. Nous sortons de la palmeraie, ou plutôt nous
longeons son prolongement le long de la rivière,
l'oued Aman Degdat, qui va suivre sans s'en dé-
tacher le bas de la pente du versant du djebel
Bani. Nous recoupons cet oued, que nous avions
d'abord sur notre droite, un peu avant d'arriver
à Trit, où il prend le nom d'oued Trit.

Nous faisons halte à cet endroit. Tous les gens
du Ksar sont dehors ou sur les terrasses des
maisons pour nous voir arriver. Trit est sous
le commandement du Daoublali. Nous y sommes
reçus par le cheikh et ses gens auxquels se sont
joints Si Abd er Rahman, khalifa de Glaoui ins-
tallé à Aqqa Ir'en ; il est avec le caïd Ahmed,
homme de confiance qui m'a déjà accompagné
au printemps dernier et que le pacha envoie à
ma rencontre ; deux mkhaznis de Si Hammou,
de la Qasba de Telouet sont également là.

Le contact de ces gens avec notre guide daoublali n'est pas précisément chaleureux ; mais
Lahoussine est assez intelligent pour comprendre
que le khalifa d'Aqqa Ir'en est venu nous sa-
luer au passage et que le caïd Ahmed est indispensable pour assurer mon retour par les terri-
toires de commandement des Glaoua. Aucune
parole déplacée n'est échangée entre eux, mais
notre guide laisse comprendre aux nouveaux ve-
nus qu'ils pourraient m'attendre à la limite de
leur territoire où je les trouverais le surlendemain.
Le khalifa et le caïd Ahmed qui, sans doute, ne
tenaient pas à l'hospitalité de Tissint, s'empres-

sent d'accepter : il est entendu qu'ils m'attendront à Tamjerjt, dans la Feïja, à quelques kilomètres au nord de Tanzida, le surlendemain vers le milieu du jour. Avant de nous séparer le caïd Ahmed tient à m'assurer de tout son dévouement : il a l'ordre de m'accompagner partout où je désirerai aller. Le pacha El Hadj Tahmi Glaoui et son khalifa de Telouet Si Hammou, me font dire que je serai partout chez moi, etc. Bien entendu je ne retiens de ces belles promesses que ce que l'expérience me dit d'en retenir. Je suis bien convaincu que les deux grands chefs glaoua ont donné des ordres sincères en ma faveur, mais je ne crois qu'à moitié aux belles paroles de leur représentant. Je ne suis pas fâché cependant d'entendre ses déclarations devant des témoins autorisés.

Nous reprenons notre chemin vers Tissint. Nous suivons le thalweg de l'oued, d'abord ombragé de palmiers, au pied du djebel Bani. Des champs de maïs et de sorgho sont arrosés avec des eaux de rettara. Nous passons au confluent d'un important cours d'eau qui, descendu de l'Anti-Atlas à Aqqa Ir'en, a traversé la Feïja dans toute sa largeur.

La vallée prend ici un profil spécial. Deux terrasses superposées encadrent le thalweg formé de graviers et de cailloux roulés. La première terrasse est formée d'un calcaire blanc, compact ; la seconde d'un calcaire grumeleux tufacé, renfermant des coquilles d'eau douce. Nous sommes en présence d'importants dépôts lacustres dans lesquels la rivière a creusé son lit sur une profondeur de 30 à 40 mètres. L'érosion s'est effectuée en deux stades ; les eaux ont d'abord déblayé facilement les calcaires grumeleux, presque sableux, superficiels ; elles ont attaqué ensuite le travertin compact qui forme les dépôts

plus profonds d'un ancien lac qui recouvrait une
partie de la Feïja. La facile désagrégation des
tufs calcaires de la surface a donné lieu, sur la
rive guache de l'oued, à des formes du terrain
spéciales, par suite du ravinement de ces dépôts assez meubles sous l'action du ruisselle-
ment. Ce modelé, qui rappelle celui des « pyra-
mides des fées ou demoiselles », a fait penser
au vicomte de Foucauld qu'on était là en présence de quelque dune consolidée. C'est du moins
l'explication qu'il a donnée, d'après sa carte
d'itinéraire, des Idroumen qui s'étendent entre
Trit et Tissint. Le dédale des ravinements dans
ces dépôts lacustres en faisait autrefois un lieu
d'élection des coupeurs de route.

L'oued Idroumen — tel est maintenant le
nom de la rivière — prend un trajet subaérien
au fur et à mesure de l'abaissement du thalweg
entre ses berges. Nous le traversons en un point
où le palmier commence à paraître, en continuité avec les oasis de Tissint. Ici les berges escarpées ont au moins 25 mètres.

Nous suivons maintenant la plate-forme de calcaire lacustre qui borde la rive droite, au pied
du djebel Taïmzour, sommet culminant du djebel Bani que nous contournons jusqu'à Foum
Tissint. Nous demeurons sur cette plate-forme qui
se prolonge à travers le kheneg, et s'incline au
delà vers la plaine de Tissint.

Le kheneg a profondément entaillé le djebel
Bani, sur une hauteur de plus de 600 mètres,
puisque le djebel Taïmzour, d'après mes mesures
d'altitude au thermomètre hypsométrique, ac-
cuse 1.214 m., tandis qu'Agadir Tissint situé à
son pied méridional, n'est qu'à 609 mètres.

L'oued Idroumen et l'oued Tanzida, qui en-
taillent profondément entre des berges verticales
ces calcaires lacustres, confluent à l'entrée de

la gorge séparés par un éperon tabulaire qui supporte la Qoubba Sidi Abder Rahman ou Lhassen et le ksar d'Aqqa n Aït Sidi.

L'oued Tissint formé de la réunion des précédents s'appuie contre la falaise orientale du kheneg qui n'a pas plus de 200 mètres d'ouverture. Ce passage est tellement étroit que les ha-

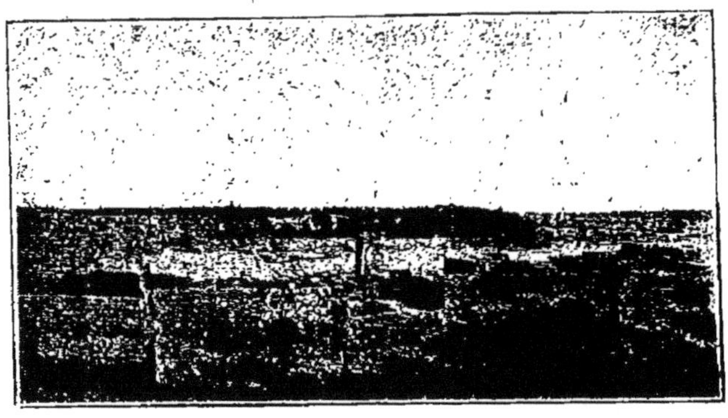

L'OASIS DE TISSINT VUE DE LA CASBA D'AGADIR TISSINT

bitants de Tissint pouvaient le barrer pour se défendre contre les incursions des pillards berbères descendus de l'Anti-Atlas. Un mur en ruines, haut de plus de trois mètres, avec entrée à chicane, représente les vestiges de ces fortifications singulières. Nous nous trouvons au delà sur une terrasse lacustre d'où la vue s'étend sur toute la palmeraie, partagée en deux parties par le cours de l'oued Tissint.

*
* *

Nous recevons à Agadir Tissint une cordiale hospitalité de la part du caïd Lahoussine qui nous souhaite la bienvenue au nom de son père.

Le Daoublali se partage entre sa casba d'Aner'erif et celle d'Agadir Tissint ; il passe aussi quelque temps sous la tente dans les mâder au moment des semailles ou de la moisson. Il serait venu lui-même me faire les honneurs de sa maison de Tissint s'il n'avait été retenu à Tatta par son état de santé.

Nous sommes dans le même ksar d'Agadir Tissint que le vicomte Ch. de Foucauld a habité en 1883.

L'oasis est assez vaste dans son ensemble, avec ses ksours comme Aït ou Aran, Ez Zaouïa, Taznout. Agadir Tissint est le plus important et le plus défendable en cas d'attaque. C'est là que se réfugiaient tous les ksouriens de Tissint lorsqu'ils étaient exposés aux incursions des nomades du Sud ou des chleuhs du Nord, ou menacés des attaques des voisins.

Les oasis sont plantées soit sur des alluvions quaternaires, caillouteuses ou sableuses, parfois reprises par le vent qui édifie de petites dunes, soit sur les calcaires lacustres ou des conglomérats formés de cailloux roulés (fluviatiles) à ciment calcaire ; on y trouve une petite coquille d'eau douce : *Melanopsis maroccana* fréquente dans les calcaires lacustres récents dans toute l'Afrique du Nord. Mais tous ces dépôts se trouvent à un niveau sensiblement plus bas que ceux de la Feïja, de l'autre côté de la cluse de Foum Tissint.

Il est manifeste que pendant les temps quaternaires et peut-être pliocènes, les eaux descendues de l'Anti-Atlas vers la dépression de la Feïja étaient arrêtées par des séries de barrages formés par des arêtes, dont la principale est celle du djebel Bani. Les lacs ainsi formés ont eu au moins deux déversoirs qui ont entamé la barrière du Bani, en abaissant progressivement le plan d'eau jusqu'à l'assèchement complet du lac ; puis l'érosion fluviale a creusé les dépôts lacustres antérieurement formés et préparé insensiblement l'état actuel. Les deux déversoirs principaux de ce régime lacustre sont le kheneg Adiss (Foum Tatta) et celui de Foum Tissint.

Il ne reste à Tatta, du régime fluvial subséquent, que des oueds asséchés qui ne coulent qu'au moment des orages, mais dans lesquels subsiste un drainage souterrain. Ici, l'oued Tissint est au contraire subaérien. Il roule constamment une eau saumâtre mais buvable. Désagréable au premier moment, on s'y accoutume très vite et elle ne fait aucun mal. Elle sert à l'irrigation des palmeraies et le palmier s'en accommode, de même que la population surtout formée de haratins : race foncée produite par le croisement de blancs (arabes ou berbères) avec des négresses. Les Juifs sont absents ; comme à Tatta, ils ont été chassés par l'état de guerre continuel.

Il existe quelques citernes ; on nous sert à nos repas de l'eau de pluie provenant d'une citerne de la maison du caïd.

Mais si le palmier n'est pas incommodé par l'eau saumâtre de l'oued Tissint, par contre l'orge, le maïs et les légumes poussent difficilement dans la région.

Un barrage de retenue refoule les eaux de l'oued vers l'amont, en face d'Agadir Tissint, transformant le thalweg, large de plus de 50 mètres, en un lac qui renferme du poisson.

Je désire consacrer la matinée du 21 septembre à une ascension du djebel Taïmzour.

Cette montagne fait partie du djebel Bani dont elle est vraisemblablement le sommet le plus élevé. Du côté nord, elle s'élève par échelons depuis la plaine de la Feïja ; du côté de Tissint, elle descend avec une pente rectiligne formée

de gros bancs de grès bruns, inclinés d'environ
40° vers le sud. Cètte muraille imposante, de couleur très foncée, ne semble pas, vue d'Agadir
Tissint, difficile à gravir ; en réalité la roche,
toujours diaclasée et souvent même éboulée, rend
l'ascension assez pénible, quoique nullement dan-
gereuse. Seuls les derniers 200 m. nécessitent

LE BASSIN DE RETENUE DE L'OUED TISSINT ET LE DJEBEL BANI
(Vue prise à Agadir Tissint.)

quelque prudence, si l'on ne veut pas se rom-
pre un membre parmi ces blocs de grès entassés.
En moins de deux heures on arrive sans hâte
sur la pointe culminante, qui est formée de gros
bancs de grès dévoniens qui descendent droit
vers la plaine de Tissint ; tandis que, sur le versant nord, la ligne de faîte montre partout les
tranches des couches de grès et d'argile régulièrement stratifiées, ces dernières de plus en
plus fréquentes et de plus en plus épaisses du
sommet à la base.

En somme, le djebel Bani, depuis Foum Tatta jusqu'à Foum Tissint, se montre toujours, au point de vue structural, identique à lui-même. La hauteur du culminant du djebel Taïmzour au-dessus d'Agadir Tissint est, d'après mes déterminations au thermomètre hypsométrique, de 605 mètres.

J'ai eu le plaisir de faire cette ascension avec le capitaine Denis, qui a tenu à m'accompagner. L'ordonnance indigène du capitaine et des mkhazenis de Lahoussine étaient aussi de la partie. Nous sommes, sans trop de peine, arrivés à 9 h. au sommet, mais nous étions un peu altérés.

On a, de ce point culminant, une vue d'ensemble admirable qui nous a été favorisée par un beau ciel et une température agréable de 26°. Au nord, l'Anti-Atlas se montre avec ses arêtes rocheuses découpées et ses flancs profondément ravinés ; la plaine de la Feïja s'étale sur une immense étendue au pied du djebel Bani et nous apercevons les oasis que nous avons traversées comme celles de Djouâ, de Trit, d'Aqqa Ir'en, à l'ouest et au nord, et celle de Tanzida à l'est. Nous pouvons voir en enfilade toute la suite d'arêtes aiguës de la chaîne qui nous porte : à l'ouest aussi loin que la vue peut porter, la portion que nous avons côtoyée depuis Foum Tatta ; à l'est la partie qui, de Foum Tissint se poursuit vers Foum Zguid.

On peut voir que, de l'autre côté de la cluse, le djebel Bani est encadré par deux chaînons parallèles, presque d'égales hauteurs, comme si la chaîne était formée de trois arêtes parallèles d'égale importance ; au contraire le djebel Taïmzour est seulement doublé par un éperon, monoclinal comme lui, mais dont l'arête n'atteint pas les deux tiers de sa hauteur au-dessus de la plaine.

Enfin, au sud, toute la région qui nous sépare de l'oued Drâ nous apparaît, comme à Tatta, très accidentée. Il y a même ici une continuité entre ces collines gréseuses, monoclinales, formées de saillies gréseuses s'élevant assez brusquement au-dessus des petites plaines environnantes, et le djebel Bani. La liaison est la même que celle que nous avons constatée avec le Rich entâ el Feïja à Aqqa Iguir'en.

Nous quittons à regret cet admirable point de vue pour regagner le plus directement possible Agadir Tissint. Notre descente doit se faire en sautant de bloc en bloc jusqu'au pied de la montagne. Nous arrivons enfin complètement altérés. Nous avons eu le tort d'accepter, au sommet du Taïmzour, quelques gorgées d'eau saumâtre de la gourde de nos hommes, ce qui a contribué à augmenter notre soif. Pour ma part, je me suis senti bien rarement aussi altéré. Nous allions gagner en hâte notre gîte lorsque nous voyons arriver à bride abattue un indigène portant un bidon d'eau fraîche et douce ; c'était l'ordonnance du capitaine qui nous avait devancés pour aller chercher le breuvage salutaire.

La couleur des affleurements de roches dans la région du Drâ n'a pas manqué de frapper l'attention d'un voyageur averti comme le Vicomte de Foucauld. « Le Bani, dit-il, est en roche, sans terre ni végétation : grès calciné, comme les monts de Tazenakht, il présente une écaille noire et brillante sur toute la surface de ses flancs. » (1)

J'ai déjà fait remarquer, à mes premiers voyages, l'existence d'une pellicule noire et brillante sur certaines roches du sud de l'Atlas. J'ai observé ce phénomène en 1905 dans la région du Drâ, entre Tikirt et le Siroua et au nord de ce

____

(1) Reconnaissance au Maroc, p. 138.

massif volcanique. J'ai également fait remarquer qu'il pouvait être observé dans le Haut Atlas, par exemple au col de Bibaoum, sur des grès ou des poudingues permiens. Cette altération constitue la *patine du désert*, maintes fois décrite, notamment par Walther.

Ce phénomène est remarquable sur le versant méridional du djebel Bani. Ce relief n'est pas exclusivement formé de roches dures, comme le pense Ch. de Foucauld ; il est constitué par des schistes verdâtres alternant avec des grès quartziteux qui forment des couches épaisses de plusieurs centaines de mètres datées par des fossiles dévoniens. Il est vrai cependant que, du moins entre Foum Tatta et Foum Tissint, le flanc méridional du **djebel Bani est** formé de grès durs, véritables quartzites en gros bancs qui forment une assise de plus de 40 mètres de puissance ; tandis que le versant septentrional, qui montre les couches par leur tranche, est surtout argilo-schisteux, avec bancs de grès intercalés. Mais quelle que soit la composition du grès siliceux, la patine vernissée brune tirant sur le noir est la même. C'est ainsi que les grès quartziteux d'un blanc éclatant ont la même patine que des grès rosés dans les cassures fraîches et par conséquent un peu ferrugineux. Les grès grossiers dévoniens jouissent de la même propriété. Dans la région du Siroua des roches bien différentes comme des granites, des diorites et des roches volcaniques, peuvent offrir une patine analogue. Il n'en est pas de même des calcaires plus ou moins magnésiens qui brunissent légèrement sans jamais noircir et nous avons vu dans l'Anti-Atlas que l'on pouvait, de ce fait, distinguer de très loin les grès et les poudingues de la base du dévonien, des calcaires superposés.

DEUXIÈME TRAVERSÉE
DE L'ANTI-ATLAS

Le 22, je quitte non sans regret, après un trop court séjour, l'oasis de Tissint. Les tièdes soirées au clair de lune, sur la terrasse de la kasba, l'aspect de la palmeraie et de l'oued qui serpente, la franche hospitalité de Lahoussine, tout cela était bien fait pour nous reposer de la lassitude de la journée dans un pays si curieux à tous les points de vue.

Le capitaine Denis et le Dr Nain expriment le désir de m'accompagner jusqu'à Tanzida. Nous partons avant 7 heures accompagnés du caïd Lahoussine et de ses inséparables fantassins et de quelques mkhaznis de Taroudant. Nous traversons le passage de Foum Tissint sur la terrasse calcaire d'où nous descendons sur le thalweg de l'oued Tanzida. La rivière a de 15 à 20 mètres de largeur et 0 m. 50 d'eau au-dessous d'Aqqa n Aït Sidi ; son eau est saumâtre. Sa vallée est pittoresque avec sa végétation surtout formée de palmiers ; on y voit aussi de gros tamarins. Elle est encaissée dans les dépôts lacustres, toujours formés de bancs de travertins surmontés par des tufs calcaires très friables, le tout formant une assise horizontale d'au moins 40 mètres d'épaisseur. Ces dépôts s'appuient directement entre le pied du djebel Bani, ici formé d'argiles schisteuses verdâtres avec lits de grès bruns. Le cours d'eau a déblayé ces calcaires lacustres et formé un thalweg qui, de 50 mètres de largeur dans le Kheneg, s'élargit vers l'amont pour atteindre 300 et même 400 mètres. Il est encadré de berges à pic et le cours d'eau sillonne le thalweg parmi les graviers et les cailloux roulés. C'est ainsi que le petit ksar d'Aqqa n Aït Sidi se trouve sur un éperon, encadré par l'assif Idroumen et l'oued Tanzida. Le village de Tanzida est un ksar assez important, pourvu d'eau douce conduite par des séguias pour l'irrigation. L'oued Aougni, descendu des crêtes de l'Anti-Atlas, conflue avec l'oued Tanzida au-dessous du ksar sur un large thalweg caillouteux et asséché.

Nous faisons halte au ksar où nous est servie l'inévitable collation. Je puis néanmoins contempler à loisir le site pittoresque que nous avons devant nous, dans cette vallée ombragée située au pied du djebel Bani et jalonnée par le Taïmzour qui élève sa pointe aiguë au-dessus de l'oued Tissint.

Mais l'heure avance et l'étape sera encore longue pour moi.

Tandis que mes compagnons de voyage vont retourner à Agadir Tissint pour se préparer à revenir sur leurs pas, vers Aqqa Iguir'en, je dois affectuer un assez long trajet pour atteindre Tamezoult, au cœur de la chaîne de l'Anti-Atlas.

La séparation, au bord de l'oued, dans le cadre pittoresque de la palmeraie et de la haute barrière du djebel Bani, dans ce pays désertique que n'avait jamais vu qu'un roumi sous un déguisement, le vicomte de Foucauld, a quelque chose d'un peu émouvant. Nous n'aurons même pas le plaisir de nous retrouver bientôt et de nous remémorer ces belles journées d'été dans le Sahara marocain ; car le capitaine Denis et le Dr Nain retournent à leur poste, à Taroudant, alors que je gagnerai Marrakech à travers le Haut Atlas, pour rentrer en France.

Le caïd Lahoussine me fait accompagner par dix hommes armés jusqu'à la rencontre des gens des Glaoua qui ne tardent pas à se montrer au 'bord de la petite oasis de Tamjerjt. Les salutations d'usage sont échangées et je suis remis entre les mains de mes nouveaux guides. Tout cela demande moins de cinq minutes et nous partons vers le nord, à travers la plaine désolée de la Feïja.

La structure de la plaine est très intéressante : elle résulte d'un déblaiement des argiles schisteuses avec grès bruns du Dévonien, dont il subsiste des témoins en forme de barres rocheuses dans le sens de l'axe de la Feïja. C'est, en moins accentué, la structure de la région accidentée qui sépare le djebel Bani de l'oued Drâ. A l'est de la Feïja ces saillies grèseuses se multiplient et établissent la liaison entre le djebel Bani et les premiers contreforts de l'Anti-Atlas, au nord de la plaine.

Les calcaires lacustres se montrent un peu partout, souvent recouverts par des dépôts alluvionnaires. Du côté de Tanzida on voit même de petits cônes de déjections torrentielles superposés aux dépôts lacustres et j'ai observé les mêmes faits au débouché des oueds de l'Anti-Atlas dans la plaine. J'ai encore constaté, parmi ces dépôts de lac la présence de marnes avec cristaux de gypse et les indigènes m'ont affirmé que le sel gemme était exploité en certains points de la Feïja. Il faudrait donc admettre que la région a, par intervalles, fonctionné comme un lac d'assèchement comparable aux chotts actuels des régions sahariennes.

Enfin je signalerai encore la formation de petites dunes dans cette plaine, et la présence fréquente de *cailloux guillochés* par le vent chargé de sable et dont j'ai rapporté de beaux spécimens.

Nous nous engageons dans la montagne par le débouché d'une vallée qui va nous conduire à

Tamezoult. Le vicomte de Foucauld est passé
par là le 6 avril 1884. Je reconnais difficilement
son itinéraire parce qu'il a effectué de nuit le
trajet d'Agadir-Tissint à Tamezoult. C'est ainsi
qu'il ne mentionne pas, dans ce qu'il appelle la
vallée d'Aginan et que mes guides appellent l'assif Agmour, le village de ce nom qui possède cependant une belle palmeraie où j'ai fait une courte halte.

Cette vallée offre un thalweg, large jusqu'à
300 mètres, et des berges verticales. Je puis voir
les grès bruns et les schistes verdâtres associés
s'étendre en concordance sur les calcaires bleus
ou gris, magnésiens ou non, qui jouent un si
grand rôle dans la structure de la partie plus
occidentale de l'Anti-Atlas. Nous arrivons à Tamezoult (994 m.), à un moment où la vallée très
resserrée s'étale en une dépression encombrée
par un poudingue épais, en couches horizontales
résultant de la cimentation de cailloux roulés
récents, quaternaires ou pliocènes.

Nous passons la nuit à Tamezoult dont Ch. de
Foucauld a donné une courte description fidèle.
Ici les calcaires sont très développés ; ils sont
bleus ou blanchâtres, en bancs bien réglés de 3
à 5 décimètres d'épaisseur, entremêlés de lits
de schistes grèseux micacés, sortes de psammites
rouges ou verts. Ces couches sont régulièrement
inclinées vers le sud et peu plissées.

Depuis que j'ai quitté la Feïja je constate que
les couches du Dévonien n'offrent que de larges
plis, mais rien des froissements à l'extrême que
j'ai vus partout ailleurs, plus à l'ouest, à Zagmouzen et dans la vallée supérieure de l'oued Tatta.
La végétation est rare, je n'ai rencontré dans
la plaine, puis dans la vallée de l'assif Agmour,
que des gommiers et de rares plantes désertiques.

*
* *

Nous nous séparons de bonne heure du khalifa d'Aqqa Ir'en qui a tenu à m'accompagner
jusqu'ici et qui ne manque pas, en me quittant,
de me demander de faire son éloge à son seigneur
et maître El Hadj Tahmi Glaouï.

Notre route est de plus en plus accidentée. Nous
remontons la vallée que mes guides appellent
l'oued 'Agouïnan. Je pense que ce mot d'Agouïnan n'est autre que celui d'Aginan (Aguinan) attribué à la basse vallée par Ch. de Foucauld.

Après avoir laissé sur notre gauche la koubba
de Sidi Brahim ou Daoud, près la kasba d'Ader'
sel, nous arrivons dans un vaste cirque où se
trouvent encore des poudingues quaternaires découpés en terrasses par deux cours d'eau : l'oued
Agouïnan que nous allons laisser sur notre gauche et un autre que nous remontons dans la direction de Tizi n Haroun franchi par le vicomte
de Foucauld le 7 avril 1884. Nous passons par
un petit col dans une autre vallée aux parois
à pic, gorges profondes de 2 à 400 mètres, creusées par l'érosion. Le réseau hydrographique de
cette partie de l'Anti-Atlas rappelle en plus petit
les célèbres canyons du Colorado, dans l'Arizcna. Ce sont les mêmes aspects et les mêmes formes de terrain, dans des calcaires presque horizontaux au-dessous desquels apparaissent fréquemment les grès de la base de cette puissante
formation.

Nous arrivons péniblement, en remontant le
flanc escarpé de l'une de ces gorges, l'assif Anissi, à un groupe de villages du même nom et nous
faisons halte à Taourirt Anissi. Nous sommes ici
à 1.610 mètres et nous avons quitté le bord de
la plaine d'El Feïja à 740 mètres.

Le pays est affreusement nu et les couches dévoniennes sont de moins en moins plissées, toujours très légèrement inclinées vers le sud.

A Anissi quelques sources alimentent quelques jardins et des palmiers assez rares ; un vieux pont

VALLÉE EN GORGE (CANYON) DE L'ASSIF ANISSI

construit sur l'oued ajoute à l'aspect sévère de la vallée.

Il y a là un groupe de cinq petits villages : Taourirt, Lemdint, Tagmout et Tililguin. Nous acceptons l'hospitalité à Taourirt dans une maison d'aspect misérable où nous sommes entassés dans une soupente au-dessus d'une écurie.

Mais les braves gens, maîtres de céans, font tout pour m'être agréable. Ils parlent un mauvais français (langue sabir) et ils ont gardé de leur contact avec nous, à Bordeaux et à Casablanca, un souvenir ému.

Comme je demandais à l'un d'eux pourquoi il était revenu dans un affreux pays après avoir vécu plus largement en pays français : « Comment, me dit-il en me montrant la vallée, tu appelles cela un vilain pays? Mais je suis ici dans mon village natal et j'y suis revenu pour me marier. »

Nous quittons Anissi de bonne heure le 24 septembre. Nous pouvons prendre deux chemins, l'un conduisant à Tizi n Haroun, l'autre au col de Tizi n Iznaguen, compris entre le premier et la Tizi Agouni (Agni de Foucauld), tous deux franchis par le vicomte de Foucauld. Notre chemin est maintenant de moins en moins accidenté, nous nous rapprochons insensiblement d'un plateau qui forme la partie élevée de l'Anti-Atlas.

Les couches géologiques se relèvent continuellement quoique en pente très faible vers le sud et les poudingues et les grès de base affleurent de plus en plus. Ces derniers offrent ici la même patine brun foncé que j'ai vue ailleurs dans la vallée de l'oued Tatta.

En approchant de Tizi n Iznaguen je vois ces conglomérats s'amincir puis s'étendre, transgressivement, sur des gneiss et des granites qui affleurent à Tagmout. Au delà, les mêmes formations détritiques prennent un grand développement, atteignant jusqu'à 300 mètres de puissance, avec des coulées intercalées de roches volcaniques violettes. Arrivés au col, un magnifique spectacle nous attendait. J'ai devant moi une vaste plaine de déblaiement, avec écoulement vers le sud-est du réseau hydrographique dont

le collecteur, l'oued Tigdi Ouchchen, se jette dans
l'oued Drâ entre Tikirt et Tamnougalt. L'érosion
a supprimé du côté du col toute l'épaisseur des
poudingues et grès de base du dévonien qui re-
posent dans la plaine, sur les terrains cristallins.

VUE DE TAOURIRT ANISSI

Ces dépôts ont quelque 300 mètres d'épaisseur :
le Tizi n Iznaguen est, en effet, à 1.895 mètres,
tandis qu'Amstguin, village situé au pied de la
falaise, est à 1.608 mètres.

La falaise rocheuse sur le bord de laquelle je
me trouve s'étend à l'ouest et au sud-est ; elle
peut être franchie ailleurs au Tizi Agouni. Au
delà de la plaine s'élève un massif en prolongement du plateau supérieur de l'Anti-Atlas qui
est coiffé par un relief surimposé : le massif volcanique du Siroua. Enfin au dernier plan, dans
l'extrême lointain vers le nord, apparaissent deux
pics dont l'un, le djebel Ifni, est le culminant

du Haut Atlas. Derrière moi la vue est bornée
par les ondulations de la partie la plus élevée
du flanc sud de l'Anti-Atlas, sorte de plateau,
rajeuni par l'érosion que je viens de traverser.

Je fais halte au col pendant plus d'une heure
pour en prendre l'altitude au thermomètre hypsométrique et un croquis de l'admirable panorama
qui s'étale devant moi.

L'ANTI-ATLAS, LE DJEBEL BANI
ET LE PLATEAU SAHARIEN.
CONSIDERATIONS GENERALES

Deux traversées de l'Anti-Atlas, la première
entre Taroudant et l'oasis de Tatta ; la seconde
entre Agadir Tissint et le col de Tizi n Iznaguen, poursuivie ensuite jusqu'au Haut Atlas ;
enfin des points de contact avec le djebel Bani
et la région qui le sépare de l'oued Drâ, m'ont
suggéré sur ce vaste ensemble une idée de synthèse que je désire exposer brièvement ici.

Après le travail sur le relief du Maroc (Das
Marokkanische Atlas-Gebirge) du géographe allemand Paul Schnell (1), on a admis que l'Anti-
Atlas était une chaîne plus basse, qui courait parallèlement au Haut Atlas, depuis le cap Noun
jusqu'au Tafilelt, c'est-à-dire qu'on a incorporé
à cette chaîne le djebel Sar'ro qui est compris
entre Tikirt-Tazanakht et l'oued Ziz.

A la suite de mes premières explorations (1904-
1905), le régime tabulaire que j'ai vu se pour-

---

(1) Ouvrage paru en 1892 (Peterm. Mitt. Ergünzungsheft,
n° 103) et traduit par A. Bernard en 1898 (Publ. Ecole des
Lettres, Alger).

suivre jusqu'à l'horizon, du pied du Haut-Atlas dans la région de Ouarzazat, m'a laissé penser que le djebel Sar'ro appartenait vraisemblablement à un régime tabulaire qui se raccorderait au delà de la coupure de la vallée du Ziz, par la grande Hammada, avec la région de plateaux de l'Extrême-Sud Oranais. J'ai fait de cet ensemble ce que j'ai désigné, au moins provisoirement, sous le nom de « Plateaux du Drâ et du Tafilelt » (1).

J'ai en outre montré — d'après mes observations dans le massif du djebel Siroua que j'ai recoupé de l'est à l'ouest en mars 1905, — que l'Anti-Atlas était soudé au Haut Atlas dans la région des sources du Sous et du Drâ et que la chaîne méridionale du Maroc pouvait être considérée comme une virgation vers le sud-ouest des plis de la haute chaîne (2) ; de même que le Moyen Atlas se détache indiscutablement du Haut Atlas par une virgation de ses plis vers le nord-est.

En ce qui concerne le djebel Bani, — cette longue file de collines que le vicomte Ch. de Foucauld a touchée ou vue entre Aqqa et Foum Zguid et que l'on suppose étendue depuis le djebel Tabaïoud jusqu'au Tafilelt, — j'ai émis l'hypothèse (3) qu'il pourrait représenter une ride anticlinale dans un régime tabulaire du Crétacé, telle que j'en ai vu au sud-est et au nord du Haut Atlas et que Camille Douls en a signalé dans la zone littorale de la terminaison de l'Anti-Atlas. Bien entendu je ne pouvais me faire l'illusion qu'une ride de ce genre, expression la plus simple du plissement, pouvait se poursuivre de

----

(1) *Le Maroc physique*, Paris, Alcan 1912, p. 66 etc...
(2) Loc. cit., p. 58.
(3) Loc. cit., p. 69, etc...

façon continue sur un espace de 700 kilomètres !
Et j'ajoutais, au sujet de cette chaîne si singulière : « Quelle que soit la justesse de l'inter-
prétation hypothétique que nous venons de donner de la structure du djebel Bani, il me paraît
impossible de laisser à cette file de collines l'importance qui lui a été donnée, après le voyage
de Ch. de Foucauld, dans le système de l'Atlas
marocain. Elle doit être considérée comme un
accident tout à fait secondaire, de même que les
rides du Haouz de Marrakech, qui n'ont jusqu'ici jamais frappé ceux qui se sont occupé de
la géographie physique du Nord Africain (1). »
Je rappellerai, à ce sujet, que le vicomte de Foucauld attribuait au djebel Bani l'importance d'une
chaîne secondaire de l'Atlas marocain et que
Paul Schnell a adopté cette manière de voir
dans son ouvrage.

Il résulte des observations faites au jour le jour
le long de mon itinéraire de l'été dernier, et d'observations faites au printemps 1923 jusqu'à l'oued
Zagmouzen, qu'il faut supprimer des deux édi-
tions de la carte que j'ai publiées successivement
en 1910 et en 1923, la bordure crétacée que j'ai
figurée autour de l'axe ancien de l'Anti-Atlas.
J'avais prudemment, il est vrai, recouvert la
plus grande partie de la chaîne d'un barré ver-
millon pour bien indiquer que les teintes géologiques étaient hypothétiques dans cette partie
du Maroc.

Nous avons vu que les terrains crétacés n'atteignent pas Tiout au sud-est de Taroudant et
que je ne les ai pas rencontrés au sud du djebel
Bani.

L'Anti-Atlas est, depuis sa soudure avec le
Haut Atlas jusqu'au voisinage du cap Noun, en-

____

(1) Loc. cit., p. 73.

tièrement formé de terrains primaires avec une large prédominance d'affleurements dévoniens. Dans la région du Siroua il est formé de terrains primaires siluriens . et dévoniens, ces derniers représentés par ce que j'ai appelé « les grès de Tikirt », et d'un noyau granitique qui s'enfonce sous le Haut Atlas. Sur la plus grande partie de son parcours affleurent, suivant une zone axiale, des schistes et des quartzites siluriens, peut-être aussi des terrains plus anciens, des granites et des roches métamorphiques alignés dans les anticlinaux.

Sur les deux versants, cette zone axiale est bordée de deux larges bandes de terrains dévoniens qui débutent par un conglomérat de base et des grès puissants. Ces dépôts témoignent de l'existence d'une chaîne antérieure contemporaine de la chaîne calédonienne. Au-dessus, les calcaires magnésiens, en bancs réguliers, alternant avec des argiles schisteuses colorées, forment une puissante assise qui est recouverte par des argiles verdâtres, avec des grès bruns. Tout cet ensemble puissant de près de 1.000 mètres représente une partie seulement du Dévonien : le Dévonien inférieur et peut-être aussi une partie du Dévonien moyen. Les faunes que j'ai recueillies dans le djebel Bani sont au plus du Dévonien moyen et j'ai vu se prolonger ces couches jusqu'au bord de l'oued Drâ que je n'ai malheureusement pas pu atteindre. Il m'a été facile, cependant, de me rendre compte que les couches du djebel Bani se poursuivent dans la série de petites collines grossièrement parallèles que l'on voit à la lorgnette jusqu'au fleuve. J'ai pu voir en outre très distinctement la rive gauche de l'oued Drâ où une falaise abrupte forme le rebord d'un plateau régulier entamé par de profondes mais courtes vallées. Cette falaise est vraisemblablement encore formée de terrains primaires. Enfin, on peut suivre à la lorgnette l'allure d'un entablement formé de couches plus claires, secondaires ou tertiaires, dont l'horizontalité est manifeste dans la coupure des vallées.

Ainsi, les terrains primaires du flanc sud de l'Anti-Atlas se poursuivent sans interruption, jusqu'à l'oued Drâ.

La même continuité existe encore au point de vue orographique. Les plis de la zone axiale ont une direction voisine de la méridienne et sont d'âge carbonifère, mais, en s'écartant de la crête vers le sud ou vers le nord, on constate que les couches dévoniennes s'incurvent de plus en plus vers les parallèles, de façon à prendre la direction générale de la chaîne.

Toute la zone calcaire est entamée par de profondes vallées qui témoignent d'efforts orogéniques plus intenses au cœur de la chaîne que dans sa partie orientale. Les argiles schisteuses verdâtres ont offert à l'érosion une proie facile et comme les couches dévoniennes sont régulièrement inclinées en une série monoclinale, vers l'oued Drâ, il en est résulté un affouillement dans le sens longitudinal des couches. C'est ainsi que les bancs de grès ont dessiné autant de barrières, d'arêtes rocheuses qui donnent au pays son aspect particulier.

Les cours d'eau de la rive droite de l'oued Drâ n'ont pu atteindre leur collecteur qu'en coupant ces crêtes rocheuses par des vallées en gorges comparables à des cluses : ce sont les kheneg et les foum.

Le régime hydrographique actuel a forcément été précédé par un régime de lacs allongés dans le sens des arêtes monoclinales, qui s'étendaient entre deux barrières rocheuses de cette nature. Nous avons vu que la Feïja a été ainsi occupée par un ou plusieurs lacs qui ont déposé d'importants sédiments calcaires avec coquilles lacustres très récentes et nous avons assisté à l'entaille progressive de Foum Tissint, puis à l'érosion linéaire, par le réseau de l'oued Tissint, des dépôts du lac après que celui-ci eût été vidé.

Ce processus de déblaiement et d'érosion dans les argiles dévoniennes n'est pas exclusif à la Feïja; il se montre plus au nord dans l'oued Tatta, dans l'Azarar n Tagmout, dans la région d'Agadir el Hana et, au sud, entre le djebel Bani et l'oued Drâ.

Ainsi il y a continuité orographique depuis les crêtes de l'Anti-Atlas jusqu'à l'oued Drâ.

Il en- résulte que l'Anti-Atlas, contrairement à ce que l'on pensait depuis les mémorables explorations du vicomte de Foucauld, ne s'arrête pas au nord du djebel Bani, il se poursuit jusqu'au fleuve.

Quant au Sahara, il commence seulement, au point de vue structural, sur la rive gauche de l'oued Drâ. A partir de là, une couverture de terrains secondaires ou tertiaires, horizontaux, reposant en discordance sur les terrains primaires, caractérise la structure tabulaire du Plateau Saharien.

Sans doute le climat est aussi désertique entre le djebel Bani et l'oued Drâ qu'au delà du fleuve; mais on peut dire, en se plaçant à ce point de vue, qu'il l'est également dans la plus grande partie de l'Anti-Atlas, voire même sur toute l'étendue de cette chaîne. D'ailleurs, le Sahara ne peut pas se délimiter par son climat; tandis qu'au point de vue structural, le Plateau Saharien a des limites précises.

Dans ces conditions, quelle acception et quelle importance faut-il donner au djebel Bani? Nous avons vu que cette arête « en lame de couteau » était assez saillante entre Tatta et Tissint. De ce côté, le djebel Taïmzour est plus proéminent que ne le pensait Ch. de Foucauld puisqu'il s'élève à plus de 600 m. au-dessus de l'oasis. Mais les arêtes plus ou moins parallèles qui émergent, au nord et au sud, ne sont pas non plus négligeables. C'est ainsi que nous avons vu le Rich entâ el Feïja plus élevé que le Bani à Aqqa Iguir'en. Et je suis persuadé qu'il ne se poursuit pas sur les immenses étendues qu'on lui avait attribuées.

Au point de vue du relief, le Bani limite une zone d'arêtes monoclinales assez saillantes qui se trouvent au nord d'une zone d'arêtes similaires plus surbaissées formant parfois de petits gours qui s'étendent au sud : c'est ce que le vicomte de Foucauld a appelé improprement la plaine du Drâ.

Mais si le djebel Bani n'a pas l'importance orographique qu'on lui a donnée, par contre il a une importance au point de vue politique. Les ksouriens des oasis de Tatta et de Tissint que j'ai eu l'occasion de voir, en effet, ont pu trouver, au sud du Bani, une protection relative contre les attaques des pillards berbères de l'Anti-Atlas.

Ncus avons vu que le Foum Tissint était même barré par un mur de protection. Le djebel Bani marque aussi la limite de deux races, berbère au nord, arabe au sud ; nous pourrions dire aussi bien : types marocains au nord, types mauritaniens au sud.

Ce rôle du djebel Bani qui devait avoir, à ce point de vue, plus d'importance encore il y a quarante ans qu'aujourd'hui, n'a pas manqué de frapper le vicomte de Foucauld, ce qui expliquerait le rôle exagéré qu'il a donné à cette crête rocheuse, sans grande signification orographique.

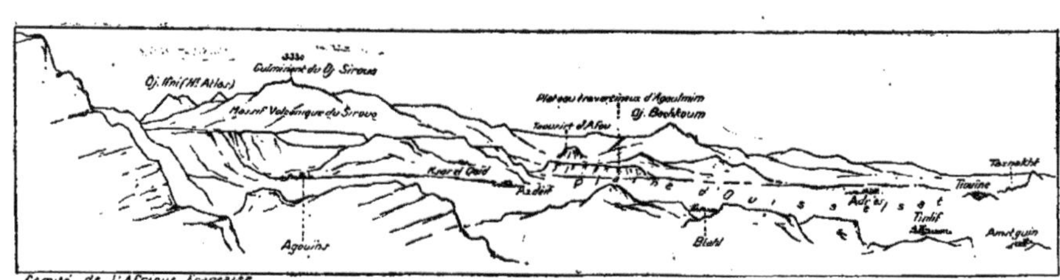

LA PLAINE DES ZENAGA (OUISSELSAT) ET LE MASSIF DU SIROUA

(Croquis de l'auteur, pris du col de Tizi n Iznaguen).

De toute façon, le djebel Bani ne peut pas constituer une chaîne même secondaire dans l'ensemble de l'Atlas marocain.

Enfin, j'attirerai encore l'attention sur la partie médiane de l'Anti-Atlas qui, dans la zone des conglomérats de base et des calcaires dévoniens offre, de part et d'autre de la zone axiale, l'aspect d'un plateau faiblement entamé par l'érosion. Ce fait n'a pas manqué de frapper. le vicomte de Foucauld.

J'ai pu suivre ce plateau jusqu'à Tizi n Iznaguen et constater qu'il se prolongeait au nord de la plaine d'Ouisselsat, chez les Zenaga. De là, il se place sur le prolongement du socle du Siroua. Or, j'ai montré depuis longtemps que la surface de ce socle était celle d'une pénéplaine produite, à la fin des temps primaires, par l'arasion de la chaîne carbonifère (chaîne hercynienne). Elle a été, à la fin des temps tertiaires et au Quaternaire, surélevée avec maximum de surrection du côté de la partie la plus élevée du Haut Atlas et par conséquent du massif du Siroua ; tandis qu'elle s'incline insensiblement vers l'ouest jusqu'à la mer.

On conçoit, dans ces conditions, que les gorges les plus profondes creusées par l'érosion fluviale sur le versant méridional de l'Anti-Atlas, dans les calcaires et les grès dévoniens, se trouvent à peu près sur le méridien du Siroua.

ASCENSION DU DJEBEL SIROUA.
STRUCTURE DU GRAND VOLCAN
MAROCAIN

Nous sommes restés au col de Tizi n Iznaguen, bien dénommé puisqu'il s'agit d'une fenêtre sur l'immense tribu des Zenaga qui s'étend, en grande partie, sur la vaste plaine que nous avons sous les yeux. Nous allons atteindre le village situé sur le bord opposé où nous passerons la nuit. Nous descendons ou plutôt nous dégringolons, la pente abrupte de la falaise jusqu'à Amstguin, avec une chute de 287 m. Je puis recouper, de haut en bas, toute la série de grès bruns avec leur niveau de roches volcaniques violettes, puis les poudingues de la base du Dévonien et nous foulons dans la plaine les terrains cristallins. Une halte à Tinlif me permet de me faire indiquer vers le sud-est dans le lointain, la coupure du Tizi Ougni traversée par Ch. de Foucauld.

La plaine d'Ouisselsat est vaste, elle se prolonge au delà de Tazenaklt, vers le Nord-Est, elle est limitée à l'ouest par une falaise semi-circulaire en continuité avec celle que nous venons de franchir ; enfin elle est bordée au nord par le socle du Siroua. Le sol irrégulier est formé de gneiss, de micaschistes, de granites et de schistes anciens. De loin en loin émergent des saillies (*sokhrat*) formées de roches très dures, comme des filons de quartz ou de diorites. Des cailloux peu roulés de ces roches remplissent des parties déprimées. Enfin, au centre, des marnes et des calcaires lacustres témoignent de l'emplacement d'un ancien lac. On se rend compte que la plaine a été formée par le déblaiement de dépôts détritiques qui recouvraient la pénéplaine primaire cristalline antérieurement au régime lacustre. Notre gîte d'Agoulmime se trouve au pied de la falaise ; au dessus s'élève, sur un piton, le bordj d'Ir'erm nou Goulmime. Nous partons de bon matin en cotoyant la falaise qui est sur notre gauche. Une table régulière haute de quelques dizaines de mètres se trouve sur notre droite : elle est formée de calcaires lacustres plus ou moins tufacés, vestiges des dépôts importants d'un lac dont des témoins sont encore accrochés au flanc de la falaise, tandis que la plus grande partie a été enlevée par l'érosion.

Nous gravissons le plateau ancien formé des calcaires dévoniens faiblement plissés par rapport à ce que j'ai vu à Zagmouzen et sur le trajet de Tîout à Tatta. Le pays est complètement nu. Nous traversons, sans la moindre alerte, le désert de Tassrirt, il y a peu de temps encore redouté des voyageurs.

Bientôt les premiers vestiges volcaniques apparaissent sous la forme de pitons phonolitiques témoins de coulées démantelées ou plutôt d'aiguilles d'extrusions : nous approchons du Siroua.

De fait, nous marchons bientôt sur une coulée andésitique qui forme un plateau sur le bord de l'assif Aït Oubial. Le flanc gauche de cette vallée est formé de tufs cinéritiques blancs, dans lesquels les indigènes ont creusé des abris et aménagé des enclos de pierres pour leurs troupeaux. Au fond de la vallée affleurent les poudingues dévoniens.

Nous allons passer la nuit chez le cheikh d'Aït Oualman. Je laisse ma caravane pour faire l'ascension d'un piton qui se dresse à quelque cent mètres au-dessus du village : l'Ir'erm n Aït Oualman. Il est formé d'une phonolite dont la structure écailleuse, entourée d'une brèche de la même roche, trahit l'origine de ce relief qui représente les restes d'une aiguille d'extrusion comme l'aiguille du volcan de la Montagne Pelée à la Martinique.

Quelques éléments de flore recueillis fin septembre à l'altitude de 1774 à 1850 m. et déterminés par M. R. Maire, permettent de citer :

Minuartia rostrata Rehb.
Bupleurum spinosum L.
Satureia Hocheutineri Briq.

Ormenis scariosa Lit. et Maire.
Carlina involucrata Poiret.

Une autre récolte que j'avais faite en avril à
Asfzim, à une altitude assez voisine (2.010 m.),
avait donné à M. Maire les espèces suivantes :

Lamarckia aurea L.
Astragalus Ibrahimianus Maire.
Bupleurum spinosum L.
Carduus Ballii Hooker.
Scorzonera pygmaea S. et Sm.

***

Le 26 septembre au matin, nous partons de
bonne heure. Je vais tenter d'aller jusqu'au sommet du Siroua. Le cheikh me confie son fils, un
solide garçon qui se charge de m'accompagner
jusqu'au culminant du massif.

La piste remonte d'abord une pente très
dure. Elle me fait rapidement sortir des déjections volcaniques, pour pénétrer dans un affleurement important de granite à amphibole, avec
lambeaux de schistes, témoins du soubassement
ancien du grand volcan. Puis, nous retrouvons à
nouveau les roches et les tufs volcaniques que
nous ne quitterons plus jusqu'au soir. Je rencontre d'abord une nouvelle phonolite, puis je
demeure longtemps sur les andésites ou les tra-
chytes en coulées ou en tufs, et surtout à l'état
de brèches.

Nous gravissons successivement des plateaux
étagés formés de surfaces structurales détermi-
nées par des coulées andésitiques séparées par
des brèches. Ces plateformes donnent au massif du Siroua un aspect particulier et un profil
caractéristique. Ces grandes tables de laves s'in-

clinent de 10 à 15°. Leur convergence vers le sommet indique que la région culminante de ce grand volcan correspond sensiblement à l'emplacement du principal centre éruptif.

A Tala n Tadout (2.817 m.) nous trouvons une cabane avec enclos de pierres pour les bergers et leurs troupeaux. J'ai déjà indiqué comment le Siroua offrait des paturages suffisants pour la transhumance des troupeaux des tribus environnantes pendant les mois les plus chauds de l'année.

A Ouar'ir'a nous mettons pied à terre. Je vais, avec deux hommes, terminer à pied l'ascension. Nous sommes ici à 3.013 m. Partout les laves et les brèches volcaniques sont couvertes de plantes formant des gazons.

J'ai recueilli :

Festuca maroccana Trab.
Arenaria pungens Clem.
Alyssum spinosum L.
Malva subacaulis Maire.
Verbascum cf. *Hookerianum* Ball.
Artemisia campestris L.
Cirsium Dyris Jah. et Maire.

M. Maire qui a déterminé tous ces éléments de flore a fait accompagner ses déterminations des conclusions suivantes :

« La flore du Siroua apparaît comme ayant les plus grandes analogies avec celle du Grand Atlas gréseux, granitique et porphyrique (montagnes au S. de Marrakech). Toutes les espèces énumérées ci-dessus appartiennent sans exception à la flore du Grand Atlas. Comme dans ce dernier, on trouve sur le Siroua des pâturages subalpins à *Ormenis scariosa* et *Scorzonera pygmaca*, et des pâturages alpins où sont représentées les associations de l'*Astragalus Ibrahimianus* et l'*Alyssum spinosum* » (1).

J'ajouterai à ces conclusions de mon distingué collègue de l'Université d'Alger, que si la flore du Siroua a la plus grande analogie avec celle du Haut Atlas de Marrakech, pourtant nous nous trouvons ici à plus de cinquante kilomètres en ligne droite plus au Sud et le massif est entouré de toutes parts d'une zone désertique. Il est, dans ses parties élevées, couvert de neige pendant une grande partie de l'année. Il semble que ce phénomène doive s'expliquer par des courants d'air marins qui suivraient la plaine du Sous, pour abandonner leur humidité dans la partie haute du massif qui sépare le grand sillon du Sous de celui du Drâ. J'émets là une simple hypothèse qu'il serait intéressant de confirmer ou d'infirmer.

Je quitte Ouar'ir'a à dix heures et demi. Après une heure d'ascension un peu dure, je me trouvais sur une large croupe horizontale au bord de laquelle s'élève une aiguille qui se voit de très loin et forme le culminant du Siroua. Je détermine le point d'ébullition de l'eau au thermomètre hypsométrique (89°82 par 13°9 de température et 530 m. 5 de pression au baromètre anéroïde). Le calcul indique 3.285 m. comme altitude correspondante. Je veux tenter l'ascension de l'aiguille, mais mon guide Abdallah, pourtant énergique, me dissuade. Il fait un vent violent et l'aiguille est au bord d'un profond précipice. Quoiqu'il m'en coûte, je me rends enfin à ses pressants conseils. Alors je mesure une base de 150 m. dans le sens de la croupe rocheuse et, par deux visées, j'ai les éléments d'un triangle

---

(1) Note sur la Flore du Siroua par le Dr R. Maire (*Bul. Soc. Hist. Nat. de l'Afr. du N.*, xv, 1924, p. 52-53).

dont la hauteur représente celle du sommet de l'aiguille au dessus de la plateforme où nous nous trouvons. Le calcul a donné 45,4 m. ce qui fait, pour l'attitude totale ainsi mesurée, le nombre approché de 3.330 m.

Il m'a semblé que le piton qui forme le culminant du massif était une aiguille d'extrusion. Elle est divisée en prismes verticaux coupés par des diaclases horizontales.

Le spectacle qui s'offre à ma vue est fort intéressant. Nous sommes au bord d'un à pic, car le volcan est fortement entamé sur son flanc oriental par le réseau hydrographique supérieur de l'oued Drâ. Des brèches et des débris de coulées se montrent de ce côté, chez les Aït Khzama que j'ai traversés en 1905. Non loin de nous s'élèvent, au bord du précipice, trois aiguilles qui ressemblent singulièrement à celles de l'Ir'erm n Aït Oualman que j'ai vue la veille. Ce sont vraisemblablement encore des aiguilles d'extrusion phonolitiques. Malheureusement, je ne puis songer à les atteindre, cela me demanderait de deux à trois heures et nous sommes loin d'un gîte. Une quatrième aiguille montre des prismes contournés : elle représente peut-être le remplissage d'une cheminée volcanique.

Je dois quitter cette station que je ne puis prolonger à mon regret : l'heure avance et je sens la fatigue. Est-elle due aux étapes ininterrompues que je viens de faire depuis Agadir Tissint ou bien à la basse pression à cette altitude élevée ?

De retour auprès de la caravane, le caïd Ahmed me déclare que nous n'avons qu'un parti à prendre : celui d'aller demander l'hospitalité à Asfzim, chez les Aït Inr'aten où j'ai déjà été au printemps précédent. Il me faudra pour cela parcourir tout le flanc occidental du volcan.

Nous recoupons d'abord une série de croupes et de têtes de vallées pour atteindre, par un chemin très dur, l'assif Ougzem ou haute vallée de l'assif Asfzim. Nous descendons encore ici une série de petits plateaux qui forment des surfaces structurales couronnées par de grandes coulées de laves, recouvrant des tufs cinériformes ou ponceux et des brèches andésitiques. Les tufs sont parfois d'un blanc éclatant. Avant d'arriver à Asfzim nous recoupons un affleurement de diorite avec désagrégation en boules. Ce soubassement cristallin est profondément entaillé par une vallée en gorge.

*
* *

Nous arrivons avant la nuit à Asfzim où nous recevons un accueil un peu froid. Le maître de céans est chez lui, cette fois, tandis qu'il était absent à ma visite du printemps.

Je considère qu'à ce moment ma mission est terminée. J'ai opéré la jonction avec ma mission du mois d'avril, mais je continue à lever mon itinéraire jusqu'au pied du Haut Atlas pour le raccorder avec un itinéraire assez récent.

Nous faisons étape à Tamjerjt (1954 m.) et, le 28 septembre, nous franchissons la distance qui sépare ce point d'Agadir n Assarag (1.600 m.), dans la haute vallée du Sous. Sur le trajet, j'ai pris l'altitude de Telmouda (2.030 m.) et celle du Tizi n Mouqsout (2.290 m.).

Le retour à Marrakech s'est effectué en deux étapes: la première d'Assarag à Arround par le Tizi n Tar'rat; la seconde d'Arround à Marrakech, grâce à l'extrême obligeance de M. Monat, chef du Service des Travaux Publics de Marrakech qui m'a envoyé son automobile jusqu'à Tahnaout et il m'est très agréable de remercier, ici, ce distingué ingénieur, qui a facilité ma mission par tous les moyens dont il disposait.

*
* *

J'aurais garde d'oublier, en terminant ce récit déjà un peu long, d'adresser un hommage de reconnaissance émue à tous les Marocains, Berbères ou Arabes, qui m'ont accueilli au cours de mon voyage.

Je le ferai avec d'autant plus de chaleur que j'ai été péniblement impressionné partout où je suis passé, de l'état misérable des populations de l'Anti-Atlas et du Drâ, que j'ai rencontrées. Et cependant, les maladies sont rares sous ce climat qui, quoiqu'un peu rude, est cependant très sain. Le docteur Nain a pu constater que ces pauvres gens souffraient surtout de misère physiologique parce qu'ils ne mangent pas à leur faim.

Il y aurait donc quelque chose à faire pour améliorer un peu leurs conditions de vie. La France se doit à elle même de tendre une main généreuse à ces populations de l'Extrême Sud Marocain ; elle servirait d'ailleurs, par surcroît, ses propres intérêts.

Il est, en effet, d'abord indispensable que la paix française s'étende de ce côté. De plus, ces régions deshéritées offrent un intérêt particulier par la qualité des hommes que nourrissent, plutôt mal que bien, les palmeraies qu'on aperçoit de loin en loin dans ces contrées par ailleurs d'une aridité décevante.

Il serait possible d'améliorer le sort de ces braves gens, *Soussi* ou *Drâoui*, par des recherches d'eau souterraines qui permettraient d'augmenter les surfaces irrigables ; de créer de toute pièce des oasis dans le Drâ et d'arriver à une utilisation plus rationnelle des eaux de l'oued Sous dans la plaine de ce nom.

On pourrait ainsi apporter un peu de bien être et accroître les populations de ces régions lointaines si intéressantes par leurs qualités de travail et d'intelligence.

On sait que le Sous, en particulier, fournit les meilleurs artisans du Maroc, et que les Soussi apportent le concours de leurs bras, non seulement à notre jeune Protectorat, mais encore à l'Algérie et à la Tunisie, voire même à la Métropole.

Louis GENTIL,

de l'Institut.

TABLE DES MATIÈRES

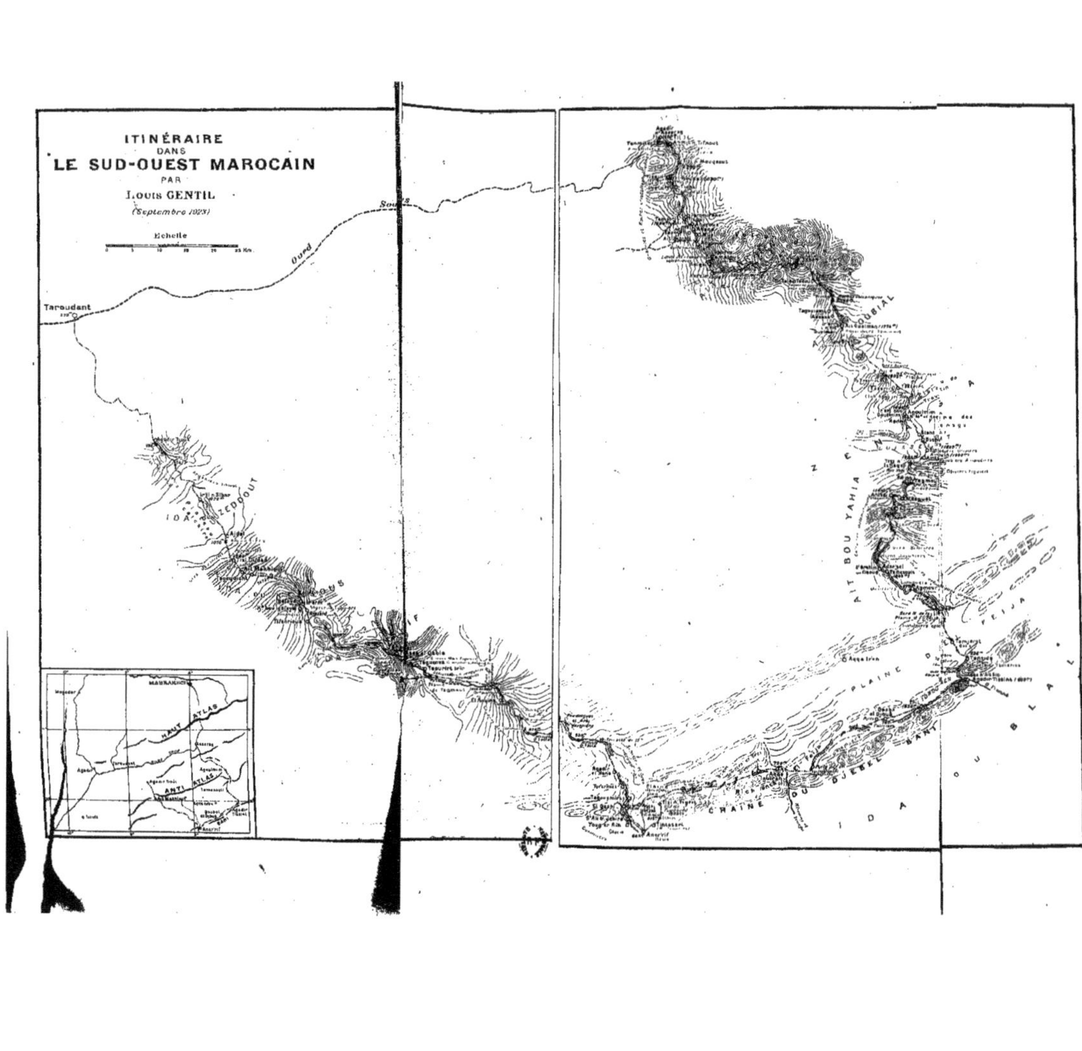

ITINÉRAIRE
DANS
LE SUD-OUEST MAROCAIN
PAR
Louis GENTIL
(Septembre 1923)
Echelle
Taroudant
Oued
Sous
HAUT ATLAS
ANTI ATLAS
MAURITANIE
AIT BOU YAHIA
PLAINE
CHAINE DU DJEBEL
IDA OU BLAL

COMITÉ DE L'AFRIQUE FRANÇAISE

Président : M. JONNART, sénateur, gouverneur général honoraire de l'Algérie.
Vice-présidents : MM. ERNEST ROUME, gouverneur général honoraire des Colonies, et le général de LACROIX.
Trésorier : M. EDMOND PHILIPPAR.
Secrétaire général : M. AUGUSTE TERRIER.

Siège du Comité : **21, rue Cassette, Paris (6ᵉ).**

Tout Français souscripteur d'une somme au moins égale à 30 francs devient adhérent du Comité de l'Afrique Française et reçoit le *Bulletin* mensuel du Comité. Le minimum de cotisation est fixé à 25 francs pour les fonctionnaires coloniaux, l'armée et l'enseignement.

L'objet des souscriptions recueillies est :

D'organiser des missions d'exploration et d'études économiques dans les régions africaines;

D'aider aux missions organisées par le gouvernement ou par les associations géographiques et coloniales;

De développer l'influence française dans les pays indépendants d'Afrique;

D'encourager les travaux politiques, économiques et scientifiques relatifs à l'Afrique;

De poursuivre des études et recherches destinées à préparer ou à appuyer les établissements privés de nos nationaux dans ces régions;

De tenir les adhérents régulièrement au courant des faits concernant l'Afrique, spécialement au point de vue de l'action des nations européennes colonisatrices.

Un spécimen gratuit du Bulletin est envoyé franco à toute demande.

www.ingramcontent.com/pod-product-compliance
Ingram Content Group UK Ltd.
Pitfield, Milton Keynes, MK11 3LW, UK
UKHW021935070726
13614UKWH00001B/447